Yang Mu
**Die Spinne,
das Silberfischchen
und ich**

Yang Mu

Die Spinne, das Silberfischchen und ich

隨筆 Pinselnotizen

Aus dem Chinesischen
von Susanne Hornfeck und Wang Jue

A1 Verlag

Inhalt

Weiße
Novemberblüten

十一月的白芒花

Auf verschlungenen Wegen kehre ich nach Hause zurück, und während der ganzen Zugfahrt begleiten mich die weißen Rispen der Silberfeder.

Beim Blick aus dem Fenster legt sich die Schwermut vergangener Jahre auf mein Herz, sie duldet keinen Widerspruch. War ich nicht auch früher schon solchen Gefühlen, solchen Stimmungen ausgesetzt? Schweigend sitze ich da, stumm in meinen Trübsinn versunken, und starre die weißen Blüten an, die endlos am Fenster vorbeiziehen. Ob sich in ihnen eine Bedeutung verbirgt? Doch zunächst ist es einfach nur so: Die Blüten auf dem Hügel, weiß wie Schnee, wischen in Augenhöhe durch mein Blickfeld, oder sie stehen auf weit entfernten Berghängen, unzähligen Schafherden gleich. Das Geräusch des Zuges ist ein ständiges Auf und Ab, doch die Köpfe der Schafe bleiben friedlich gesenkt. Da fällt mir auf, dass auch die vorbeiziehenden Gräser ihre weißen Blüten hängen lassen. Das muss am Regen liegen, dem ständig neu einsetzenden und wieder aufhörenden Nieselregen. Mit hypnotisierendem Rhythmus eilt der Zug durch das Hügelland, die Küste entlang nach Süden. Mein Blick ist leer, die Schultern schmerzen, ich denke an nichts Bestimmtes. Schwermut. November.

Wieder einmal November. Die Blüten des November. Diese mir wohlbekannten weißen Blüten – wie oft im Leben haben sie mich heimgesucht und angerührt? Ein Albtraum, ein schöner Albtraum – schön, aber traurig. Anfangs war er schön und traurig, damals, als wir noch nach Schönheit gierten und nicht recht wussten, was Trauer war. Dann aber kam der Tag, als alles langsam verblasste und schließlich ganz verblichen war – nicht mehr schön, nicht mehr traurig. Da sie jedoch stets von Neuem mit derselben Bedeutung, demselben Gefühl auf mich einstürmten, musste ich sie wohl für einen Albtraum halten.

In meinen Sitz versunken sehe ich sie auf dem feuchten Berghang scharenweise vorbeifliegen, die Köpfe gesenkt, plötzlich sehr nah, dann wieder fern. Es ist windstill, ob es regnet, lässt sich nicht feststellen. Plötzlich merke ich, in meinen Sitz versunken, wie sich das Tempo der vorbeiziehenden Blüten verlangsamt. Es sind aber nicht die Blüten, die langsamer werden, sondern der Zug, der in einen Bahnhof einfährt. Schließlich kommt er vor dem weißen Gebäude zum Stehen, das von einem Zaun umgeben ist. Auch außerhalb wuchert überall dieses weiß blühende Gras. Innerhalb des Zauns ist ein kleiner Teich, seine Oberfläche kräuselt der Regen, dessen Tropfen die Rispen niederdrücken. Endlich kann ich sie in aller Ruhe betrachten: eine, zwei, drei, unzählige winzige Blüten. Eigentlich wollte ich an nichts Bestimmtes denken, als ich jedoch die Augen schließe, fällt mir meine Mutter ein.

Sie war schon lange krank, und es ging ihr immer schlechter. Seit Jahren hatte ich es mir zur Gewohnheit gemacht, um Mitternacht vor dem Schlafengehen an sie zu denken. Unter der Lampe, über Bücher und Manuskripte gebeugt, taucht das Bild meiner Mutter vor mir auf. Die Bücher und Manuskripte, ohne die ich im Alltag nicht auskomme, sind dann mit einem Mal verschwunden. Vor meinen Augen entsteht ein Schleier, eine Leere, durch die das Gesicht und die Stimme meiner Mutter auftauchen: ruhig und gleichmütig, ausdruckslos, friedlich und still. Manchmal kann ich, unter der Lampe sitzend, sogar die Wärme ihrer Handfläche spüren. Wie in Kindertagen, wenn ich in tiefem Fieberschlaf auf der *Tatami* lag. Sobald ich zu mir kam, wünschte ich nichts sehnlicher, als dass sie sich zu mir setzte. Dann legte sie mir die Hand auf die Stirn, um die Temperatur zu fühlen. Zunächst war ihre Handfläche kalt, vielleicht wegen der Sorgen, die sie sich um mich machte. Doch in dem Maß, wie mein Fieber sank, wurde ihre Handfläche wärmer. Sanft streichelte sie mich zwischen den Brauen und den allmählich wieder sehenden Augen – wonnige Geborgenheit.

In all den Jahren unter der Lampe war die mütterliche Hand, die ich auf der Stirn, den Wangen, Schultern und Armen spürte, stets warm. Nun war die Mutter krank, umso weniger durfte ich selbst krank werden.

An diesem regnerischen Nachmittag in einem entlegenen Bahnhof in den Bergen, tief in meinen Sitzplatz gesunken, stelle ich mir verwundert die Frage: »Warum?« Da fährt der Zug auch schon wieder an und verlässt die kleine Bahnstation. Und plötzlich meine ich zu verstehen: Vor vielen, vielen, mit der Zeit vergilbten und verblassten Jahren muss es gewesen sein, auf dem rückständigen Land, durch das der Xiuguluan-Fluss sich in unzähligen Biegungen windet, nach Osten wie nach Westen eingeschlossen von hohen Bergen. Ich erinnere mich, wie ich an einem heißen Tag mit Mutter einen schmalen grauen Pfad entlangging. Der Wald war erfüllt vom Zirpen der Zikaden. Auf beiden Seiten des Weges standen aufrecht die Stängel der Silberfeder, die bald ihre weißen Rispen entfalten würde. Manchmal rasteten wir unter großen, laubreichen Bäumen, um am Fuß des Berghangs Atem zu schöpfen. Mutter wischte mir den Schweiß ab und fächelte mir mit einem kleinen Tuch Kühlung zu, sie gab mir Wasser, Kekse und erfrischende Bonbons. Dann erst wischte sie sich selbst den Schweiß ab. All das beobachteten mit gereckten Hälsen die Silberfedern am Abhang; und auch diejenigen, die weiter oben am Berg standen, sahen ruhig zu uns herunter und nickten seufzend mit den Köpfen. Um uns lärmten die Zikaden. Immer höher ragte die Gebirgskette auf, doch noch höher war der blaue Himmel. Weiße Wolken zogen in Herden darüber hin, die Sonne brannte herunter auf Bäume verschiedenster Art. »Warum?« – auf einmal ist meine Erinnerung völlig klar.

Eines Tages, es ging schon gegen Mittag, waren wir auf einer breiten Straße mit vielen Kurven unterwegs. Auf der linken Seite wuchsen Schraubenbäume, niederer Bambus und wilde Taro-Stauden, nach rechts fiel der Hang steil ab und gab den Blick auf einen fernen Fluss frei. An seinen versandeten Ufern lagen Steine, die der Regen ins Tal geschwemmt hatte. Noch weiter entfernt konnte man zwischen Betelpalmen und Brotfruchtbäumen Ackerland und die Strohdächer kleiner Hütten erahnen. Plötzlich drang aus einem Einschnitt im Osten das Geräusch von Flugzeugmotoren und durchschnitt das Tal. Mutter zog mich nach rechts den Hang hinunter, wo wir uns in einer Mulde im dichten Gebüsch verbargen. Gewehrfeuer strich über den Hang, mischte sich mit dem erdrückenden Lärm der Propeller und ließ uns ahnen, dass sich das Flugzeug allmählich dem Himmel über uns näherte. Mit aller Kraft presste sie mich nach unten, sodass ich tiefer in die Mulde rollte, und begrub meinen Körper unter dem ihren. Ohne einen Gedanken lag ich da.

Ich verstand – natürlich verstand ich –, dass sie mich mit ihrem eigenen Körper schützen wollte. Selbst wenn die Geschütze auf uns zielten, würde nur sie getroffen, nicht aber der Sohn, der unter ihr lag. Ich wusste, was sie vorhatte. Das Getöse über unseren Köpfen entfernte sich in die Weite des Flusstals, schlug noch einmal einen großen Bogen, wurde leiser, ferner, um sich schließlich aufs Meer zurückzuziehen. Mutter zog mich an sich, wischte mir den Schweiß ab und klopfte mir den Staub aus den Kleidern. Erst als ich sicher saß, brachte sie sich selbst in Ordnung, während sie leise tröstend auf mich einsprach. Ihre Stimme klang ruhig und gefasst. Da bemerkte ich, dass vom Hang des Berges wieder die weißen Blüten der Silberfedern auf uns herabsahen, auch unterhalb standen sie am Abhang und blickten uns strahlend an. Eine sanfte Brise wehte, die Zikaden hielten inne, zirpten und hielten erneut inne. Von überall hörte ich Fragmente von Vogelstimmen, ein feines Zwitschern, kurz und doch andauernd. Auch die Zikaden setzten in der zunehmenden Hitze der mittäglichen Sonne wieder ein.

Ich schließe die Augen, um auszuruhen, finde jedoch keinen Frieden; in meinem Herzen tummeln sich viel zu viele Erinnerungen und Gedanken, die mich nicht zur Ruhe kommen lassen. Auch der Rhythmus des Zuges hat sich verändert. Über abgeerntete Reisfelder, grüne Gemüsegärten und Fischteiche hinweg überquert er jetzt eine Eisenbrücke. Es ist eine mühselige Reise – mühselig wegen der Sorge, der Unruhe und der Ungeduld. Von Trauer kann nicht mehr die Rede sein, ich bin jenseits der Trauer. Auch von Schönheit ist nichts mehr zu merken, jene Schönheit, die einen unwillkürlich berauscht. Der Zug fährt in einen Tunnel hinein, seine Geräusche sind plötzlich so laut, dass meine halbgeöffneten Augen sich zu schmalen Schlitzen verengen.

Wieder November.

Ich erinnere mich an alles, sehe es genau vor mir. War der vergangene November ebenfalls so gewesen? Offenbar nicht.

Aber ich weiß noch, wie die weißen Rispen des letzten Novembers entlang jener Bahnstrecke blühten; überall hatten sie ihre Blüten geöffnet, an den fernen und nahen Berghängen, die Hügel überwuchernd bis weit hinaus ins flache Brachland. Sie scheinen sich beständig zu vermehren und weiter auszubreiten. Die weißen Novemberblüten meiner Erinnerung, diese Zeugen von Liebe, Vertrauen und Standhaftigkeit, sind ein ewiges Symbol, eine unerschöpfliche Quelle der Offenbarung.

Waren die weißen Blüten des letzten Novembers denn nicht heller, leuchtender, strahlender gewesen? Ich bin mir sicher, weil ich noch weiß, wie sie aufrecht dastanden, schwankend und wogend, ohne Scham und das geringste Zeichen von Reue.

Als der Zug mit einem Knall aus dem Tunnel hervorbricht und sich mein Blick nach links wendet, blühen sie auch dort, außerhalb des Schutzwaldes auf dem strahlend weißen Sandstrand. Vor dem blaugrünen Meer mit seiner ewigen Brandung öffnen sie im Wind ihre winzigen Blüten. Ich bin mir sicher, dass sie heller, leuchtender, strahlender waren; sie erinnerten mich an den frisch gefallenen Schnee auf einer längst vergangenen Reise.

Doch sie kehren nicht wieder, jene weißen Blütenrispen einer fernen Vergangenheit auf Hügeln, im Flussbett, auf Berghängen und im Brachland – so sauber und sorglos, so lebhaft, frei und voller Neugier standen sie da. Selbst wenn ich sie jetzt anriefe und darum bäte, kehrten sie nicht mehr zurück. Selbst wenn ich die Augen schlösse und mir vorstellte, es seien noch immer dieselben weißen Rispen wie damals, so weiß ich doch genau, dass sie nicht wirklich da sind. Sie müssen längst verblichen sein, auch wenn ich mich in allen Einzelheiten an sie erinnere. Die weißen Blütenrispen des letzten Novembers sind verwelkt und abgefallen, und die diesjährigen, die ich jetzt auf meinem Heimweg betrachte, stehen niedergeschlagen im Nieselregen und bedrängen mich mit den immer gleichen Gefühlen.

1991

Der Ursprung
der Poesie

詩

的

端

倪

Ich setze als wahr voraus, dass es im Himmel und auf Erden Götter gibt und dass die unergründliche Natur und mein Ich einander antworten. Diese Einsicht reicht in die Zeit des großen Erdbebens zurück.

Wenn ich daran zurückdenke, wie seinerzeit das Beben begann, so erscheint es mir selbst nach so vielen von Vergangenheit verschütteten Jahren kaum fassbar, wie sämtliche Gegenstände im Haus damals plötzlich zu wackeln begannen. Bücher, Schreibzeug, Teekanne und Tassen schüttelten sich so real und unwirklich zugleich, als träumte ich, und doch standen sie greifbar vor mir. Über Zeit und Raum hinweg regen sie sich nun erneut in meinem Herzen, dass mir schwindelig wird. Im Augenblick der wiederkehrenden Erinnerung sehe ich die großen Bäume und Häuser am Fuß des Berges von Neuem schwanken. Sanfter Wind, weiße Wolken, Sonnenlicht – alles, was mein Blick umgreift, schaukelt wie betrunken oder besessen. Aber vielleicht ist es gar nicht die Berührung durch meinen Blick, sondern die Bürde des Traumas. Noch immer schwankt die Erde, und ich lasse mich schwindelnd zurückschaukeln an jenen winzigen, viele Meilen und Jahre entfernten Ausgangspunkt: das gleiche Sonnenlicht, die gleichen weißen Wolken der gleiche kühlende Wind. Ach Frühling.

Wir hatten damals gerade Handarbeitsunterricht in unserem Klassenzimmer. Die Fenster standen weit offen, und die strahlende Luft wanderte zu uns herein und wieder hinaus. Die Mädchen stickten. Jede hielt ein Stück hübschen

Stoff in der linken Hand, der durch die beiden Ringe eines Stickrahmens gehalten wurde. Dort hatten sie verschiedene Muster vorgezeichnet: Päonien, Schmetterlinge, Goldfische und dergleichen. Mit der rechten zogen sie die Nadeln mit den bunten Seidenfäden durch den gerahmten Stoff; wie schön waren sie in ihrem konzentrierten Tun. Wir Jungs sollten ein kleines Bücherregal zimmern und waren dazu in Gruppen eingeteilt worden. Einige sägten Bretter, andere schlugen Nägel ein; die Hälfte des Klassenzimmers war bereits mit Sägespänen bedeckt. Ich jedoch verabscheute dergleichen Schmutz und Unordnung und hatte keinerlei Interesse an handwerklichen Dingen. Immer wieder sah ich zu den stickenden Mädchen hinüber, betrachtete ihre glänzenden, kurz geschnittenen Haare, ihre weißen Nacken und die schlanken Finger, die ruhig die Nadeln durch den Stoff zogen. Ach, wie schön, dachte ich. Dahinter leuchtete das Grün der Banyan- und Flammenbäume. Wie schön.

In dem Moment war es, als riefe uns eine schwache, kraftlose Stimme, die von einem fernen, unfassbar rätselhaften Ort zu kommen schien, einem Raum zwischen Haben und Nicht-Haben; eine Stimme, die in Panik versetzt, noch bevor sie einen wirklich erreicht hat. Dann begann die Erde zu wanken. Ein Erdbeben! Die Welt kippte mal nach links, mal nach rechts. Instinktiv wollten wir hinausrennen. »Nicht rauslaufen!«, rief die Lehrerin in gewohnt strengem Ton. »Unter die Tische, schnell!« Eilig drängten wir uns unter den kleinen Tischen zusammen, während die Erde unaufhörlich und immer heftiger wackelte. Wenn sich die Welt nach Nordwesten neigte, wurden sämtliche Tische und Stühle in wirrem Durcheinander in die nordwestliche Ecke geschoben. Neigte sie sich anschließend nach Südosten, so purzelten wir samt den Tischen wieder zurück. Stickrahmen, Nadel und Faden, Bretter und Nägel; unser gesamtes Handwerkszeug rutschte mit uns hin und her. Ein tiefes, unheimliches Heulen erfüllte den Klassenraum, hilflos schrien wir dagegen an wie in einem endlosen Albtraum, vor Angst, vor Schreck, bis wir aufgaben. Das Beben war zu Ende.

Wir krochen unter den Tischen hervor, manche weinten laut. Draußen standen viele Leute, die uns lärmend empfingen. Alle anderen Klassen hatten während des Bebens die Schule verlassen und sich in der Mitte des Pausenhofs versammelt, nur unsere Klasse war dringeblieben und hatte sich mit dem Raum hin und her, auf und ab bewegt. Die gegenüberliegenden Klassenzimmer waren vollständig eingestürzt, nur unsere Reihe stand noch. Wäre auch sie eingestürzt, so hätte sie uns unter einem Haufen Schutt begraben. Innerhalb weniger Minuten war die Hälfte aller Häuser in Hualian zerstört worden, die Eisenbahnschienen waren verbogen, die Straßen aufgerissen, die Brunnen versiegt. Dann folgten endlose Gerüchte, Vermutungen und viele Nachbeben, ein ums andere Mal bebte die Erde.

Bei diesen Nachbeben wurde ich Zeuge, wie Himmel und Menschen etwas miteinander aushandelten, ich spürte, dass außerhalb des fernen, verschwommenen, unkenntlichen Kosmos eine oder mehrere übernatürliche Gottheiten existierten. Das starke Beben hatte aufgehört, doch in den beiden folgenden Wochen schwankte und ruckelte unsere kleine Küstenstadt immer wieder von Neuem. Beim geringsten Erdstoß blickten wir einander ratlos an und wussten vor fassungsloser Achtsamkeit nicht, was tun. Am quälendsten war der Anblick der Uhr an der Wand; das geringste Beben ließ sie erneut stehen bleiben. Man konnte mitverfolgen, wie das Pendel einige Male unmäßig ausschwang, und schließlich reglos verharrte. Dann musste die Uhr wieder gerade gehängt, die richtige Zeit eingestellt und das Pendel mit der Hand angestoßen werden, damit sie tickend weiterlief. Doch wer konnte sagen, wann das nächste heftige Beben uns nach draußen treiben würde? Bei der Rückkehr galt unser erster Blick der Uhr: Wieder hing sie schief, wieder war sie stehen geblieben, wieder ging alles von vorne los. Auf die Uhr starrend erkannte ich, welch armseliger Mechanismus sie war. Aber mit einem Mal erinnerten mich ihr langer und kurzer Zeiger an die Augen eines Menschengesichts, und das Pendel war die riesige Zunge. Einer entfernten Gottheit mag es missfallen haben, wie sie tickend vorwärts marschierte, da schwankte auf einen Wink der göttlichen Hand hin die Erde und hieß sie stillstehen. Ich überlegte, ob der Zeit vielleicht Ähnliches widerfahren war. Ohne unser Zutun lief sie stetig dahin, doch plötzlich schien es der Gottheit nicht mehr zu gefallen, wie sie einfach so verging. Auf ein Zeichen ihrer Linken erbebte die Erde, und die Zeit brach in der Mitte auseinander.

Die Nachbeben waren bisweilen heftig, und man musste jederzeit mit ihnen rechnen. Das Bewässerungssystem für den Lotosteich im Hof unseres Hauses war zerstört, nur ein paar unordentliche große Blätter bedeckten noch den Schlamm, die Zierfische aus dem Südpazifik waren alle in die Suppe gewandert. Wir trauten uns nicht, im Haus zu bleiben. Es war im japanischen Stil erbaut, und wenn wir bei einem starken Beben hinausrannten, würden uns womöglich die grauen Dachziegel auf den Kopf fallen – so jedenfalls lautete die verstörende Erklärung der Erwachsenen. Deshalb kampierten wir in einem Zelt auf der freien Fläche unweit des Lotosteichs. Normalerweise fand ich es höchst spannend, im Zelt zu schlafen, doch in jenen Nächten wurde ich immer wieder von schweren Beben geweckt und bekam Angst. Am schlimmsten war es im Traum. Da hörte ich ein dunkles Heulen vom Himmel herabkommen; wie ein Gespenst nahte es sich meiner schlaftrunkenen Gestalt, im Halbschlaf spürte ich es herankommen, näher und immer näher, bis ein kräftiger Erdstoß mich weckte. Ich hielt meine Bettdecke umklammert und fürchtete, das Zelt könne umfallen. Auch wenn ich mir sagte, dass dies nicht geschähe, wurde mir doch angstvoll bewusst, dass mein Körper direkt auf der Erde lag, nur von einer dünnen Matratze vom Boden getrennt. Wenn er sich nun plötzlich vor mir auftäte und ich in eine Spalte stürzte, die sich über mir schlösse? Niemand würde mich je finden.

Das Heulen, das die Menschen heimsuchte, erschreckte sie zutiefst, bewies es doch die Existenz einer metaphysischen Ehrfurcht, die zwischen Himmel und Erde waltete. Das wurde mir damals, am Ende meiner Kindheit, erstmals bewusst. Wenn ich jetzt dasitze und über ihre tiefere Bedeutung nachdenke, wird mir klar, dass genau dort der Ursprung und das Reifen der klassischen Mythologie liegen muss. Es war eine einschüchternde, strafende Ehrfurcht, ganz wie der gewaltige Donnerschlag des Zeus, der von einem Augenblick auf den anderen aus heiterem Himmel und mit ohrenbetäubendem Getöse über die Menschenwelt hereinbrach und uns in Angst und Schrecken versetzte. Dieser Mythos existierte weit vor Plato und entstammt der Vorstellungskraft der Menschen auf jenem Fleckchen Erde, das sich steil aus dem nördlichen Zipfel des Mittelmeers erhebt. Oder sollte man besser sagen, der donnernde Zeus entsprang ihrer Erfahrung, ihrem kollektiven Unbewussten? Jedenfalls ist dieser Mythos aus einem Gefühl der Furcht entstanden, aus einem metaphysischen Schauder. Auch mein junges, geringes Leben trat durch die Erfahrung von Furcht in ein neues Stadium des Unterbewussten ein. Die Angst, der Schreck, das uns heimsuchende Heulen und

Beben waren der Nährboden einer metaphysischen Struktur. Man könnte den Ursprung jenes Mythos aber auch viel früher vermuten, weit vor dem Erdbeben jenes Frühjahrs. Vielleicht existierte er ja längst im Sturm und in den Regenfluten, in der Wildnis der Wälder und Berge oder im Licht des Blutes und im Wasser der Tränen, war längst vorgeprägt in meinen unsteten Fußspuren. Wäre dem so, dann hat das Heulen und Beben jenes Frühjahrs die mythologische Struktur nur zur Reife gebracht. Ach, Frühling, du schwarzer Frühling.

Wenn der schwarze Frühling mich auf etwas hinweisen wollte, so war es der Ursprung der Poesie, der genau dort zu verorten ist. Die ersten Gedichte müssen im Prozess jener Mythenbildung entstanden sein. Hier muss auch der Ursprung der Poesie liegen.

Sokrates: »Und du glaubst also, dass wirklich Krieg unter den Göttern herrscht und fürchterliche Feindschaften und Kämpfe und tausend Derartiges, was die Dichter erzählen und womit unsere guten Freunde, die Maler, unsere Tempel uns geschmückt haben; denk nur an das Gewand der Athene, das an ihrem Fest in der Prozession auf die Akropolis getragen wird und voll ist von solchen Malereien. Wollen wir also sagen, dass dies alles wahr ist, Euthyphron?« So schreibt Plato in seinem EUTHYPHRON[1].

Poesie als Erläuterung des Mythos.

Die Erde hatte gebebt, und ihr Beben weckte das mystische Tier in mir aus seinem Winterschlaf. Während dieser unruhigen Zeit suchte ich Halt bei dem großen Stein auf dem freien Platz; ich hockte da wie ein standhafter Soldat, der versucht, verirrten Geschossen auszuweichen. Mit pochendem Herzen starrte ich das Haus an, das nach links und rechts schwankte wie die im Wind wogenden Blüten des Granatapfelbaums. Die hölzernen Türen ächzten, als wollten sie jeden Augenblick bersten. Ängstlich flehte ich die herrschenden Götter an, machte ihnen alle möglichen Versprechungen und warf den Wolken scheele Blicke zu, als existierte tatsächlich eine höchste Autorität im Kosmos, die ihr Geheimnis mit mir teilte. In diesem Moment fühlte ich mich nicht wie ein normaler Mensch, sondern wie ein von den Göttern eingesetzter Pontifex. Ich besaß übernatürliche Kräfte und konnte direkt mit den Göttern kommunizieren; als Erster unterwarf ich mich ihrem Willen und übermittelte ihnen die Wünsche und die Begierden der gewöhnlichen Sterblichen, überließ es jedoch ihnen, darüber zu richten oder Mitleid walten zu lassen. Ich fühlte mich fähig, ihre Befehle exakt weiterzugeben. Gleichwohl wurden meine Bitten nicht immer erhört und ich vermutete, dass es zwischen den Göttern zu Meinungsverschiedenheiten gekommen war; ich stellte mir vor, wie sie miteinander stritten und debattierten, sich bekämpften, aufeinander einschlugen und sich umbrachten, ja einen regelrechten Krieg anzettelten. Bis ich eines Tages der enttäuschten Illusionen überdrüssig war und beschloss, sämtliche Gottheiten aus meiner Vorstellung zu verbannen. Übrig blieb nur ein abstrakter Begriff, dem ich Ehrerbietung zollte; er würde künftig mein Schutzgott sein, omnipräsent und omnipotent. Er war universal, umfassend und ewig, er war Berg und war Staub, war Freude und Trauer; er war einfach alles. Er sollte mich leiten wie der verlässliche Polarstern, mich inspirieren und stärken, er sollte mir eine unbeschwerte Seele geben, ewig forschend und strebend. So gelangte ich vom kindlichen Pantheismus zum melancholischen Monotheismus. Melancholisch deshalb, weil diese Gottheit meine eigene Schöpfung war und mich somit nicht geschaffen haben konnte. Viele Jahre vergingen bis zu dem Punkt, wo ich nicht länger willens war, die Last der gegenseitigen Überzeugungsarbeit allein zu tragen, und entschlossen in die Welt des Pantheismus zurückkehrte, auch auf die Gefahr hin von den Göttern verlassen zu werden.

Diese wiederholten Erkundigungen und Gebete waren zweifellos religiös, doch das wahre Antlitz der Religion habe ich nie wirklich erfasst. Ich wusste nur, dass die Menschen sich vor dem eigenen Glauben niederwerfen – respektvoll und fromm, vorsichtig und voller Ehrfurcht. Das ließ sich an ihrem Gesichtsausdruck ablesen. Eines aber verstand ich nicht: Warum waren jene Figuren, sobald die Menschen zu ihnen gingen und zu ihnen beteten, von Schönheit verklärt?

Das große Beben hatte unzählige Häuser zerstört, Tempel und Kirchen jedoch standen noch. Dafür musste es einen Grund geben, ein heiliges Mysterium. Doch wer konnte es erklären? Der große Tempel des Stadtgottes, die kleinen Schreine der Lokalgötter in den abgelegenen Dörfern, selbst die hier zahlreich vertretenen christlichen Kirchen, sie alle waren heil und unbeschädigt geblieben. Auch wenn ich dieses Mysterium nicht ergründen konnte, so reizte es doch meine Neugier.

Schon immer hatte ich Respekt und Ehrfurcht vor den Götterfiguren im Tempel empfunden, jedoch nie gewagt, sie genau und direkt anzusehen. Hier schien ein seltsamer Widerspruch zu bestehen, der sich – wenn auch erst Jahre später – als der Konflikt zwischen Sein und Schein offenbarte, zwischen Wesen und Erscheinung, zwischen dem Innen und Außen, zwischen Vergangenheit und Gegenwart. Es war eine surreale Erfahrung, die mich, verschüttet unter den Jahren des Heranwachsens, durch Zweifel verunsichernd, an die Welt von Poesie und Kunst heranführte. Nicht lange nach unserem Umzug in das japanische Haus hatte ich am Rand des Lotusteichs einen Grapefruitbaum bemerkt, unter dem viele Hahnenkammblumen wuchsen, ein Stück weiter stand eine Reihe Bananenstauden, dahinter ein von Hibiskus überwucherter Zaun. Ich entdeckte eine Lücke und zwängte mich hindurch. Auf der anderen Seite fand ich mich in einem sauber gefegten Hof wieder, in dessen rechter Ecke ein kleiner Schrein stand, auf dem Altar ein mir unbekannter Gott. Weihrauch stieg in endlosen Spiralen auf. Vor dem Schrein saß ein dicklicher Mann mittleren Alters, der beständig klopfte und hämmerte, während er sich mit einem dürren Alten unterhielt. Der Alte war der Tempelwächter. Ich trat näher, um zu sehen, was der Dicke da machte. In der Linken hielt er ein Kanteisen, in der Rechten ein Schlagholz, mit dem er ein makelloses Stück Holz bearbeitete. Seine Hände vollführten rasche, geübte Bewegungen von oben nach unten, mal kraftvoll, mal sanft. Wie Blütenblätter bedeckten Holzspäne Schicht um Schicht den Boden; unterdessen plauderte er lachend und scherzend mit dem Alten. Ich setzte mich einfach dazu und starrte den Holzklotz an. Der Dicke lächelte kurz zu mir herüber, beachtete mich aber nicht weiter, sondern trieb das Eisen mit dem Schlagholz ins Holz und schwatzte dabei. Die Sonne schien warm, und die Dunstschwaden aus dem Weihrauchfass machten mich schwindelig. Puten spazierten zwischen den im Hof verstreuten Baumschatten hin und her, alles war ruhig und friedlich. Ohne zu fragen, wusste ich, dass er an einer Götterfigur schnitzte. Allmählich nahm der Holzklotz Gestalt an: Kopf, Körper und vier Gliedmaßen. Als es dunkel wurde, war der Boden mit Spänen übersät. Am nächsten Tag kam ich wieder; der Mann erhob sich eben von seinem Mittagschlaf, machte sich aber gleich darauf an die Arbeit. Diesmal waren seine Werkzeuge feiner. Vorsichtig stocherte er mit einer scharfen Klinge, feilte und polierte und hob die Figur schließlich dicht an die Lippen, um den Holzstaub wegzupusten. Dann hielt er das unvollendete Werk hoch, um es mir zu zeigen. Kriegerhelm, Gesicht, Rüstung – alles war da. Bewundernd sagte ich: »Wie schön!« Das freute ihn.

Am dritten Tag verwendete er viel Zeit darauf, die geschnitzte Figur mit Sandpapier glatt und glänzend zu polieren. Sein Gesicht und die Hände waren mit Staub bedeckt, ich ebenso. Am vierten Tag bemalte er die Statue mit leuchtenden Farben. Das Gesicht trug, noch bevor er mit dem Pinsel daranging, die Züge eines gut aussehenden Mannes. Am fünften Tag kam ich etwas später als gewöhnlich.

»Ich dachte schon, du kommst nicht mehr«, sagte er. Ich fragte, warum, und er antwortete: »Weil ich das Gesicht der Gottheit bemale, jetzt gleich.«

Er nahm einen feinen Pinsel zur Hand und zog als Erstes mit Zinnoberrot die Lippen und die Linien an der Nase nach, dann malte er mit schwarzer Tusche das Schläfenhaar, die Augenbrauen und zum Schluss die Augen. Er trat einen Schritt zurück und betrachtete die kleine Statue lange und genau.

»Gut so?«, fragte er mich. Eilfertig bestätigte ich und erkundigte mich dann: »Welcher Gott ist es?«

»*Guan Ping*«, sagte er.

Hat man sich so die Erschaffung der Götter vorzustellen? Nein, keinesfalls. Ich hatte dem Schnitzer fünf Tage lang zugesehen; mit eigenen Augen konnte ich verfolgen, wie sich ein Stück Holz in Guan Ping verwandelt hatte. Dieser Guan Ping würde zusammen mit *Zhou Cang* die Eskorte des verehrten Generals *Guan Gong* bilden und ihn in irgendeinen Tempel oder Schrein begleiten. Was ich hier vor Augen hatte, war keine Gottheit, sondern ein vollkommenes Kunstwerk, das mich Freude und Wärme empfinden ließ. Außerdem war er nicht der einzige Guan Ping, der unter den Händen des dicken Mannes entstand, und nicht nur Guan Gong, Zhou Cang oder Guan Ping würden entstehen, sondern zahllose weitere Statuen: gut aussehende wie Guan Ping oder Zhou Cang mit dem schwarzen Gesicht und dem krausen Vollbart, aber auch Gespenster mit grünen Gesichtern und langen Raffzähnen; in den unterschiedlichsten Größen nahmen sie unter seinen Kanteisen, Messern, dem Schlagholz und der Ölfarbe Gestalt an. Inmitten des ruhigen Hofes, umgeben vom betörenden Duft des Weihrauchs flößten mir die Götterfiguren keinerlei Angst ein, eher eine überschwängliche Begeisterung für diese schönen Kunstwerke. Dies waren keine Götter und auch keine Gespenster.

Doch warum wagte ich, sobald ich im Tempel war, die kleinen und großen Götterbilder niemals direkt anzusehen? Ich fürchtete mich vor ihren grünen Gesichtern und langen Raffzähnen, ich fürchtete mich vor dem dunklen Gesicht der *Matsu*, dem roten Gesicht des Guan Gong, ja selbst vor dem aufrechten *Zheng Chenggong* und dem gefälligen Guan Ping hatte ich Angst. Gottheiten werden von unserem Inneren erschaffen, genau wie Gespenster. Die Statue im Hof an jenem Nachmittag war hingegen ein vollkommenes Kunstwerk, an dem man sich erfreuen konnte. Erst wenn man es huldigend in einem Tempel darbrachte, es dem Qualm des Weihrauchs und der Hitze der Kerzen aussetzte, verwandelte es sich auf unser inständiges Bitten hin in einen Gott oder ein Gespenst. Dann erst verwies es uns auf seine vielfältigen übernatürlichen Bedeutungen, dann erst jagte es mir solche Angst ein, dass ich es nicht direkt anzusehen wagte. Dieser Widerspruch war schwer zu erklären – absurd, und doch real. Immer wieder beschäftigte sich mein kindliches Denken mit diesen verwirrenden Fragen, die ich weder beantworten noch erklären konnte. Und so blieben sie – unter fassungslosem Staunen – sperrig in meinem kindlichen Herzen liegen.

Der Vorgang des Schnitzens bezauberte mich. Dieser Mann hatte mit voller Hingabe ein Kunstwerk erschaffen, doch die anderen intervenierten und erklärten es zum Symbol der Gottheit, einem Objekt der Anbetung und Unterwerfung, das daraufhin in jedem Menschen eine selbst erzeugte Verehrung und Furcht weckte. Doch was steckte dahinter? Ich überlegte, wie es wäre, selbst einer solch schöpferischen Tätigkeit nachzugehen. Was würde passieren? Indem ich die Techniken des Schnitzens und Malens erlernte, konnte ich lebhafte Formen schaffen und andere damit erfreuen, ihnen Ehrfurcht abnötigen und sie belehren. Ich würde meine Gedanken und Vorstellungskraft entfalten, meine Werkzeuge einsetzen und mich bemühen, dem erahnten Werk Gestalt zu geben. Obgleich die Erschaffung solcher Objekte ein rein handwerklicher Prozess war, wären zum Zeitpunkt ihrer Vollendung der Lärm des Klopfens, die Späne, der Staub, der Geruch von Ölfarbe und Tusche längst vergangen. Was die Menschen, ich selbst bisweilen eingeschlossen, dann sahen, war die geistige, innere Bedeutung der Kunst, sie war unsterblich und nicht mehr identisch mit dem Ausgangsmaterial – Holz oder dergleichen. Das war schöpferisches Schaffen. Das bezauberte die Menschen!

Ich verabscheute es, kleine Bücherregale zu bauen, und war von nun an besessen von der Vorstellung, durch das Fertigen einer solchen Figur meine Schaffenskraft unter Beweis zu stellen. Ich war kein Handwerker, nein, ich war Künstler.

Mit heißem Bemühen würde ich mich der Arbeit an dem Kunstwerk widmen, meinen Geist nur darauf konzentrieren und ihr Tag und Nacht voll Frömmigkeit und aufrichtiger Hingabe nachgehen. Ich, ein mit der Kraft der Prophetie begnadeter Pontifex, der die Rätsel des Weltalls durchschaut, würde in meinem Werkstoff Tiefenschichten und Umrisse erahnen, die kein gewöhnlicher Mensch sehen konnte. Und indem ich sie vollkommen zum Ausdruck brachte, würde ich mich selbst und andere anrühren. Ich würde mir, aber auch anderen, den heiligen Glanz der Kunst aufscheinen lassen und die mit dem Fluss der Zeit vergehende Schönheit festhalten, auf dass wir ihr dauerhaft nahe sein konnten; ich würde die menschlichen Eigenheiten erfassen, damit wir sie liebend im Herzen tragen konnten. Auf einmal stellte sich mir diese große Herausforderung, eine Aufforderung durch das Leben, und in meinem Inneren wuchs ein Geheimnis heran, das ich mit niemandem teilen konnte. Ich allein trug es auf meinen schwachen Schultern und ahnte schon damals, dass ich im Begriff war, mich zögernd von der Kindheit zu verabschieden.

Die Nachbeben jenes großen Erdbebens haben mich verunsichert und in die dunkle Welt der Illusionen geführt. Ich hatte erfahren, wie real die Erschütterungen und der Schmerz des Körpers sein konnten, doch ebenso real waren die Erschütterungen und der Schmerz des Geistes. Wie ich mich so allein an meinen Hirngespinsten erfreute, wurde mein Geist leise angerührt, eine Berührung so zart wie Zikadenflügel, die immer schneller und schneller flatternd eine Erregung hervorriefen, die in meine Vorstellungswelt eindrang; in diesem unbewussten Moment hatte ich plötzlich ein Ziel vor Augen, zu dem es mich schaukelnd und hüpfend vorwärtsdrängte. In den Tagen der Nachbeben war oft von Tsunami und Bodenabsenkungen die Rede.

Doch das Meer blieb das Gleiche.

Ich saß auf einer Sanddüne und schaute über die Wasserfläche, sie war von tiefem Blau und veränderte sich nur kaum – zumindest an sonnigen Tagen –, und so weit mein Auge reichte, wehte ein lauer Südostwind. Was war das, ein Tsunami? Eine Bodenabsenkung? Auf der Wasseroberfläche waren selbst in den Tagen nach der Katastrophe Fischerboote unterwegs, manche fuhren hinaus, andere kehrten heim. Plötzlich fiel mir das schwarze Gesicht der Meeresgöttin Matsu wieder ein – barmherzig und gütig, aber doch Ehrfurcht einflößend.

Du, deren Heiligtum auf dem Vorland steht,
Bitte für alle Seefahrer, für alle,
Die mit dem Fischfang zu tun haben
Und mit jedwedem rechtmäßigen Handel
Und für die, so sie anleiten.

Sprich ein Gebet auch im Namen aller
Frauen, deren Sohn oder Gatte
Ausfuhr und nicht mehr heimkam;
Figlia del tuo figlio,
Himmelskönigin.

Bitte auch für alle Schiffer, deren Fahrt
Auf dem Sande verlief, auf des Meeres Lippen
Oder im dunklen Schlund, der sie nicht ausspeit,
Oder wo immer sie nimmer erreicht das Geläut
Des unentwegten Angelus.[2]

Es hieß, wenn der Tsunami käme, würden Himmel und Erde in ein schreckliches Brüllen und Heulen ausbrechen, auf dem Meer würde sich eine Stimme erheben und vor unseren Augen das endlos tiefe Blau hinwegfegen; mit einem heftigen Knall würden sich Unmengen von Wasser aufbäumen und in reißender Flut in Richtung Hualian gespült. Wie die Farbe des Himmels dann aussähe, konnte ich mir nicht vorstellen. Wäre das ganze Firmament in Purpurrot getaucht, oder grau-weiß wie ein Totengesicht? Für die Flut wäre es ein Leichtes, den Deich im südlichen Küstenabschnitt zu durchbrechen. Augenblicklich hätte sie die Häuser im Osten überrollt; das Gebiet vom Meilun-Bach im Norden bis zur Mündung des Hualian-Bachs im Süden würde als Erstes vom Meerwasser verschluckt werden. Die gewaltigen Wogen stiegen immer höher und rollten auf den Berg zu bis zu den Dörfern Gongxia und Fengchuan, bis in den südlichen Kreis Xiulin und in die Stadt Hualian, dann würden sie den Deich bei Qijiaochuan bestürmen und weiter bis ins Hügelland von Ji'an vordringen. Tagelang würde das Meerwasser dort anbranden und mit wilder Stimme das Ende des Jahrhunderts verkünden, eine Elegie der Hölle. Deshalb sprach man von Tsunami – vom Meeresbrüllen.

Hätte die Flutwelle erst einmal das Zentrum von Hualian erreicht, würde sie das uralte Schwemmland verwüsten und die Grundlage der Stadt zerstören; der Erdboden würde weggerissen und das gesamte Delta als Schlamm auf den Boden des Meeres sinken. Häuser, Eisenbahnen, Brücken, Fabriken, Felder und sämtliche Bäume und Blumen würden in den Pazifik gespült, noch eine Weile auf dem Wasser treiben und schließlich spurlos verschwinden. Das nannte man Bodenabsenkung. Es hieß, dass dann eine neue, kegelförmige Bucht zum Vorschein käme, die sich nach Norden bis zum Berg Meilun zog, sich im Westen bis zum Qijiaochuan ausdehnte und im Südwesten bis zu den bewaldeten Hügeln von Liyü reichte. Das Meerwasser würde sich in den Mugua-Bach ergießen und mit ihm weiter ostwärts vorrücken, bis zum Berg Yuemei. Ich saß auf einer Sanddüne und blickte in die Ferne. Über dem Meer flatterten dünne weiße Wolken, gemächlich dahinziehend wie Fischschwärme, und der mit Feuchtigkeit vollgesogene Himmel hatte die Farbe des Wassers. Der Frühlingswind streichelte die Bäume an der Küste, ein sanftes Tätscheln, das dem vorsichtigen Tasten der Wellen auf dem Sand entsprach. Manchmal schlug eine große Welle, die sich in der Richtung geirrt hatte, schäumend gegen die Felsen, man sah Gischt aufspritzen, die sich gleich darauf in Nichts auflöste. Der Wind brachte einen erregenden Geruch mit: Salz gemischt mit Fischschuppen und Seetang, Träume und Phantasien, auch ein wenig Naivität und Neugier lagen darin, Angst und Ehrfurcht sowie eine grenzenlose Zuneigung unter strahlendem Sonnenlicht.

Ach, welche Sorge, dass dies alles vergehen könnte, dieser unvergleichliche, unersetzbare Geruch der festen, heilen Küste von Hualian.

Da saß ich nun und empfand wieder diesen beißenden Schmerz; meine Seele erzitterte, der Körper war wie gelähmt, Innen und Außen entsprachen einander, sich bekämpfend und quälend. Rechts vor mir ragte die Taidong-Gebirgskette auf, sie stand einfach da. Rasch blickte ich hinter mich, um sicherzugehen, dass auch die Stadt noch da war; Hualian war nicht im Meer versunken. Erhaben ragten die Berge auf, als wäre nichts geschehen. Doch im selben Augenblick meinte ich, ein Schwanken zu spüren, das Beben war noch nicht zu Ende, als hätte die Göttin eigens für mich mit der Hand eine kleine Erschütterung verursacht, um mich an meine gefühlvollen Hirngespinste zu erinnern. Eine so gezielte Zuwendung ließ sich unmöglich von der Bewegung des gesamten Kosmos trennen, dessen

Gesetze man zu akzeptieren hatte: alt und schwach werden, verfallen und schließlich sterben – da gab es keine Ausnahme. Einen kurzen Moment war ich tief in Gedanken versunken, erlebte das Geräusch der aufschlagenden Wellen wie ein Atmen, und die Reflexion des strahlenden Sonnenlichts schien mir ein lächelndes Gesicht. Ich spürte, dass der Wind mich mit seinem reichhaltigen Duft neckte, wie Frauen, die sich wispernd nach meinem Wohlbefinden erkundigten. Es war, als hätte ich von dieser mächtigen Metapher ein Geheimnis empfangen, denn auf einmal fühlte ich mich sicher und legte mich einfach hin. Die Erde hatte noch einmal geschwankt – oder war das nur Einbildung gewesen? Jedenfalls war mir, als hätte ich den Anfang der Ewigkeit gefunden. Zugleich begriff ich, dass in dem Moment vieles verging: die hellgrünen, braungelben mit dunkelblau untermischten Jahre, die langen Tage erfüllt vom Zirpen der Zikaden, von Riedgrasrispen, tropfenden Dachrinnen und sich paarenden Libellen. Sie mussten vergehen, weil da draußen ein viel größerer Kosmos existierte, der sich nach festen Regeln bewegte. Ganz selbstverständlich würde er mich von hier fortführen, an einen entfernten, fremden Ort, wo ich forschen, streben, schaffen würde, ganz ohne Reue. Doch selbst wenn ich erwachsen wäre und langsam alterte, wenn das weiße Haar der irdischen Erfahrungen meine Schläfen besetzte und meine Augen sich trübten, würde ich an jenen ewigen Bedenken und jener Sehnsucht festhalten, ohne Reue, aber voller Wehmut.

Um diese Zeit geht die Sonne im Westen unter
hinter den Zypressen in meinem Blickfeld.
Die Brandung am diesseitigen Ufer.
Und doch weiß ich, dass jede einzelne Welle
ihren Ausgang in Hualian nimmt.

Von dort schaute ich einst wissbegierig
in die Ferne und fragte mich,
ob es dort auch eine Küste gäbe.
Was geblieben ist,
am diesseitigen wie am jenseitigen Ufer,
sind die schwebenden, funkelnden Sterne.
Nur die funkelnden Sterne
scheinen noch auf meine erschöpfte Wehmut,
und ich erkundige mich bei jeder tosenden Welle,
ob auch sie den Strand von Hualian vermisst.

Ob eine am Strand von Hualian aufschlagende Welle wohl
zehn Sommer braucht, um zu wenden
und hier anzukommen?
Der Entschluss, wieder ins Meer einzugehen,
wird in Sekundenbruchteilen getroffen,
mit einem Überschlag nimmt sie Gestalt an,
und plötzlich kehrt dieselbe Welle zurück,
um sich still und ruhig
über diese menschenleere Küste zu ergießen.

Wenn ich still hier sitze, der Brandung lausche,
und die Form einer jeden Welle betrachte,
erscheinen sie mir wie Skizzen meiner eigenen Zukunft.
Die kleine da zu meiner Linken,
gleicht sie nicht der kurzlebigen Fischbrut?
Oder die von mittlerer Größe,
das muss Seetang sein, oder jene
gewaltige dort, sie könnte ein fliegender Fisch sein,
tosend im Feuer der Sommerdämmerung.

Während die Wellen
die menschenleere diesseitige Küste überspülen,

frage ich mich, was für mich wohl das Beste wäre.
Vielleicht sollte ich eine Welle sein,
die nach raschem Überschlag, nach kurzer Wende,
in das stille, ruhige Meer eingeht
und sich über den Strand von Hualian ergießt.

Setze ich aber hier die Füße ins Meer,
so wird sich nach dem Massenwirkungsgesetz der
Wasserstand – wenn auch geringfügig – erhöhen,
und der ferne Strand wird um ein Weniges nässer.
Tauche ich an dieser menschenleeren Küste
nur zwei Meter weiter westlich ins Wasser,
würde dann in Hualian, ach, Hualian,
im Juni wieder das Gerücht vom Tsunami,
dem Meeresbrüllen, umgehen?[3]

Ohne Reue und dreißig Jahre später in Westport ist die
Erinnerung in der Abenddämmerung eines Sommerabends
noch ganz frisch. Reue gibt es nicht, aber woher kommt die
Wehmut? Ich blicke zurück und sehe mich selbst auf der
Düne liegen: Die Erde bebte noch, Frühlingswind wehte,
und das Meeresbrüllen war ein bloßes Gerücht. Ich wandte
mich um und sah Hualian – die Stadt war nicht im Meer
versunken.

1987

1   Platon: Euthyphron, übers. v. Klaus Reich. Felix Meiner Verlag, Hamburg
    1968, S. 15

2   T.S. Eliot: The Dry Salvages, dt. v. Nora Wydenbruck, in: Gesammelte
    Gedichte 1909-1962. Suhrkamp, Frankfurt/Main 1988, S. 315

3   Yang Mu: Flaschenpost, geschrieben 1974 in Seattle

Blauer Rauch
über Smaragdgrün

青
煙
浮
翠

Ein paar kleinere Taifune waren über uns hinweggezogen, und die Luft war ungewöhnlich klar. Das sonst zähflüssige Sonnenlicht wirkte wie mit dem Kamm gestriegelt. Es fiel durch einen Riss in der Himmelsseide auf die westlichen Hügel, auf den Bergwald, die steilen Felswände und fliegenden Wasserfälle. Die Sommerferien gingen ihrem Ende entgegen.

Das, so meinte der sechste Onkel, sei eine günstige Gelegenheit, um auf dem Weg zu meiner Universität in Taoyuan Station zu machen, und, wie es sich gehörte, die Gräber meiner Vorfahren in den Bergen aufzusuchen. Diesem Vorschlag konnte mein Vater – in Anbetracht seiner Stellung in der Familie – nur zustimmen. In den letzten Jahren waren nacheinander der älteste und der zweitälteste Onkel verstorben. Der dritte Onkel war in unserer Vorstellung fest mit der Stadt Taoyuan verbunden; selbst damals, als die Brüder zu uns nach Hualian umzogen, war er zu Hause geblieben; er wollte die Felder und das Familienanwesen nicht im Stich zu lassen. Da mein Vater der Vierte in der Reihe der Brüder war, lebten somit nur noch er und der fünfte Onkel in Hualian, der aber sechster Onkel genannt wurde. Wie kam es, dass der fünfte um einen Platz in der Reihenfolge nach oben gerückt war? Dazu gab es eine Geschichte. Ursprünglich war der in Taoyuan verbliebene Onkel für alle Familienmitglieder der dritte Onkel, mein Vater der vierte, und der spätere »sechste Onkel« der fünfte. Bis der sechste Onkel, der immer gern »Meister Konfuzius« im

Mund führte und ein geschickter Zimmermann war, plötzlich in Erfahrung brachte, dass zwischen dem dritten Onkel und meinem Vater noch ein weiterer Bruder existierte. Als Kind war er irgendwie verloren gegangen, aber der sechste Onkel bestand darauf, dass er noch am Leben sei. Entschlossen suchte er nach dem Verlorenen und fand mit dem Segen der Vorfahren in Taoyuan – dem ursprünglichen Stammsitz der Familie – tatsächlich denjenigen, dem der vierte Platz in der Reihe gebührte. Der Großvater, ein Gemüsebauer, hatte zu der Zeit, als die große Familie noch in bitterer Armut lebte, seinen vierten Sohn einer anderen Familie zur Adoption freigegeben. Innerhalb unserer Sippe geriet diese Angelegenheit allmählich in Vergessenheit, und in meiner Generation fragte niemand mehr danach. Der sechste Onkel hatte zwar die Wahrheit ans Licht gebracht, konnte allein aber nichts ausrichten und ermahnte lediglich seine Kinder, den »fünften Onkel« künftig nicht mehr als »vierten Onkel« anzureden; er selbst wurde daraufhin logischerweise zum sechsten Onkel. Auf diese Weise konnte er immerhin an seinen verlorenen Bruder erinnern und darauf hinweisen, dass dieser noch lebte.

Die Entscheidung, dass ich nach Taoyuan gehen sollte, hatte vielleicht auch mit einer geheimen Sehnsucht meiner Familie zu tun; das vermutete ich zumindest. Ich konnte mich nicht erinnern, jemals dort gewesen zu sein, und die Ahnengräber und dortigen Verwandten waren mir völlig unbekannt. Gegen Ende des Sommers saß ich am Fenster und betrachtete die Blumen und Bäume im Garten. Sie waren von Wind und Regen gewaschen, kein Stäubchen haftete mehr daran, nicht einmal an den abgebrochenen Ästen und welken Blüten am Boden. Dem bevorstehenden Besuch brachte ich nur mäßiges Interesse entgegen: Na gut, dann fahre ich eben nach Taoyuan und besuche die Gräber. Warum auch nicht? Das war meine Einstellung und ich dachte nicht weiter darüber nach. Vielmehr betrachtete ich den Garten vor dem Fenster und wandte den Blick dann zurück in mein kleines Zimmer. Auf einmal erkannte ich, dass die Dinge, denen ich sonst keine Beachtung geschenkt hatte, diejenigen waren, von denen ich mich am schwersten trennen würde: das schmale Bücherregal, der Granatapfelbaum draußen, die vom Wind zerzauste Kokospalme, die Glühbirne an der Decke, das halb zerstörte Vogelnest unter dem Dachvorsprung und die eifrig beschäftigten Spatzen, selbst die vier dunklen Nägel in den Ecken der Zimmerdecke, an denen man nachts das Moskitonetz aufhängte. Diese dauerhaft erinnerten und doch rasch vergessenen Dinge hatten plötzlich ungeahnte Bedeutung erlangt.

Ich sagte Mutter, dass ich kommende Woche zum Studium nach Taizhong gehen würde. Sie sah mir in die Augen, wie sie das immer tat – seit ich klein war, hatten sich unsere vier Augen immer direkt und geradeaus miteinander verbunden. Sie lächelte dann, und feine Fältchen bildeten sich um ihre Mundwinkel. Ich erzählte ihr, dass ich unterwegs in Taoyuan Halt machen und die Gräber der Ahnen besuchen würde, und vieles mehr. Sie erwiderte nichts. Innerlich trennte ich mich nur schwer von ihr, aber seit ich das Gymnasium besuchte, behielt ich, was ich fühlte, lieber für mich. Ohne konkreten Anlass machte ich den Mund nicht auf und quälte mich absichtlich, um nur ja nicht sentimental zu werden. Was daran nicht in Ordnung sein sollte, konnte ich allerdings nicht sagen, zumal ich merkte, dass es der Mutter ohnehin klar war. Sie wusste, dass ich ihr vieles anvertrauen wollte, dass ihr Sohn nun aber erwachsen geworden war. Zum einen gab es da Dinge, die sich nicht so leicht in Worte fassen ließen und die man, selbst wenn man sie ausgesprochen hätte, nicht wirklich mitteilen konnte, dazu gehörten Freude oder Kummer. Zum anderen verstand sie, dass diese Verschwiegenheit im Charakter ihres Sohnes lag; ich war schüchterner als die anderen, genau wie sie selbst. Etwas vorbehaltlos auszudrücken, gelang mir nur auf dem Papier. Und dieses schwer erträgliche Lächeln meiner Mutter war eben ihre Art des vorbehaltlosen Ausdrucks, auf diese Weise sprach sie zu mir. Die feinen Fältchen um die Mundwinkel wanderten kurz bis zur Stirn hinauf und verschwanden dann wieder; dennoch blieb dieses Lächeln lange in meiner Erinnerung haften.

Mutter fachte im Hinterhof den kleinen Ofen an. In dem Öfchen lag ein Stück durchgeglühte Kohle; wenn man es mit der Zange hochhob, sah es so aus wie ein Stück vom Stamm einer Betelnusspalme, von regelmäßigen Löchern durchzogen. Unmittelbar nach dem Anzünden stieg dichter Rauch auf, und Mutter wedelte mit einem alten Fächer, bis die Feuerzungen aufflammten.

»Bist du denn schon mal in Taizhong gewesen?«, fragte sie mich.

»Nein.«

»Wo wirst du wohnen? Im Wohnheim?«

»Im Studentenheim, das ist so etwas wie ein Wohnheim.«

Mutter nahm das Fächeln wieder auf, aber der Rauch war bereits dünner geworden, er zog in den Korridor, umkreiste die Wasserpumpe und den Trog im Garten und flog über die dichten Blattschatten des Kakibaums.

Ich trennte mich wirklich schwer von Mutter, aber sagen konnte ich ihr das nicht. Es war wie damals, als ich eingeschult wurde – eigentlich war ich nicht ungern in die Schule gegangen; es gefiel mir, andere Kinder kennenzulernen, ihre unterschiedlichen Gesichter, die fremden Hände und Füße, ihre eigenartigen Gerüche. Was mich unglücklich machte, war der weite Weg, den ich allein zurücklegen musste, durch endlose Reisfelder und dann durch hässliche Wohngebiete, wo sich ein tristes, graues Gebäude ans andere reihte, Straßen voller charakterloser Häuser. Ich wünschte mir ein kleines Gerät, mit dem ich im Gehen mit Mutter sprechen konnte und das mich, von niemand anderem wahrnehmbar, ungestört ihre Stimme hören ließ, während ich durch die dunstigen Reisfelder und die von Menschenmassen bewohnten, furchteinflößenden Straßen ging.

Der Ofen verbreitete einen ganz besonderen Geruch.

Alles, was wir sagen wollen, aber nicht ausdrücken können, wabert weiter in unserer Erinnerung, wie der langsam sich verziehende Rauch aus jenem Öfchen; er stieg auf, erfüllte die Luft und verdichtete sich in der Textur meines Lebens zu einer Metapher, einem Sinnbild meines suchenden, forschenden Herzens.

Der Tag meiner Abreise kam näher. Eines hellen Nachmittags kehrte ich von draußen zurück, es war sehr still im Haus; die letzten schräg von Westen einfallenden Sonnenstrahlen wurden von einer Papiertür willkürlich aufgehalten, sodass in der Ecke der *Tatami*matten ein kühler Raum entstand, obgleich die weiße Wand draußen unter der grellen Reflexion des Sonnenlichts strahlte. Ein ruhiger Sommernachmittag, und doch waren die Stunden zwischen 15 und 17 Uhr die einsamsten und verlassensten, eine düstere, die sonst so vertrauten Räume entstellende Bedeutungslosigkeit machte sich breit. Plötzlich rief Mutter nach mir. Ich sah sie unter dem Ostfenster sitzen und folgte ihrer Aufforderung, neben ihr Platz zu nehmen.

»Wenn du vorher in Taipeh Station machst, musst du zuerst die Tante in der Dihuajie besuchen, nicht die in der Linsenbeilu, auch nicht die in Songshan, sondern Tante Chunzi in Yongleting, du weißt schon, die, die von Hualian nach Taipeh gezogen ist.«

»Warum das?«

»Um eine Dose Magenpulver für mich zu besorgen.«

»Magenpulver?«

»Hast du schon vergessen, dass du die Dose mit dem Pulver zerbrochen hast?«

»Ach ja, sie ist kaputt gegangen, aber es war doch keine Absicht.«

»Das sagt ja auch niemand; es macht nichts.«

»Es macht schon was, jedenfalls tut es mir leid.«

Ich hatte es wirklich nicht mit Absicht getan. Mutter hatte manchmal Magenschmerzen und nahm dann dieses Pulver aus einer Glasdose. Ich war mit schlenkernden Armen hereingekommen und hatte die Dose aus Versehen auf den polierten Steinfußboden der Küche geschleudert, wo sie in tausend Stücke zersprang; Glassplitter hatten sich mit dem Arzneipulver vermischt. Mutter hatte mich beruhigt und gesagt, es mache nichts. Ich hatte mich schuldig gefühlt, doch nach ein paar Tagen war der Vorfall bereits wieder vergessen. Vielleicht glaubte ich einfach, dass Mutters Unwohlsein nur psychische Ursachen hatte. Schließlich hatte uns der Lehrer in der Schule erklärt, ob man Medizin einnehme oder nicht, mache letztlich keinen Unterschied. Nun freilich, wo sie es erwähnte, stieg mir sofort wieder der Geruch des Arzneipulvers in die Nase: Vielleicht in Erinnerung an jenen Morgen, als ich das Fahrrad rückwärts aus der Tür unter unserem Ahnenschrein schob und Mutter mich, im Eingang stehend, dabei beobachtete; vielleicht brachte der Geruch auch jene schwülen Nachmittage zurück, wenn sie zwischen den Papiertüren eine luftige Stelle gefunden hatte, die sie mit einem nassen Lappen abwischte, bevor sie sich dort ein Weilchen hinlegte; vielleicht beschwor er auch eine der nächtlichen Begegnungen herauf, wenn ich aus meinem Zimmer kam, um Wasser zu holen, und sie noch unter der Lampe saß, wo sie konzentriert quadratische Papierbogen glatt strich, um dann eine bestimmte Menge des Pulvers daraufzuschütten und sie anschließend zu kleinen Tütchen zu falten – stets hatte der Duft der Heilkräuter die Luft geschwängert, als ob die grünen Gräser und Blumen, in den dichten Wäldern gesammelt, durch das Einkochen noch gesteigert worden wären. Er hatte in der Stille verharrt und drang mir in Herz und Lungen. Der gläubige und vertrauensvolle Ausdruck meiner Mutter machte es mir unmöglich, nicht ebenfalls an eine Wirkung zu glauben; ich musste es wohl oder übel akzeptieren, auch wenn es nur ein Geruch war.

Tante Chunzi war nicht wirklich die Schwester meiner Mutter, aber es klang einfach vertrauter, sie so zu nennen. Tante Chunzis richtige Schwester wohnte uns gegenüber. Eine Zeit lang schien es dort drüben Unstimmigkeiten zu geben. Ich hörte, wie sie Mutter ihre umständliche Klage vortrug; der übliche Familienstreit, vermutlich um Geld. Sie saß mit Mutter auf der Tatami – ein kleines Tischchen stand zwischen ihnen –, und während sie sprach, bediente sie sich, schon ganz rot im Gesicht, wiederholt aus der Weinflasche und stieß laute Seufzer aus. Mutter blieb notgedrungen sitzen und leistete ihr Gesellschaft, auch wenn es ihr sichtlich peinlich war. Der Mann dieser Tante, ein robuster Kerl aus dem Süden mit einem Schopf pechschwarzer Haare, nahm kaum Notiz von mir. Traf ich ihn bei uns zu Hause an, so begrüßte ich ihn knapp und verzog mich rasch wieder, da ich nicht mit ihm reden wollte. Als er nach dem Umzug das erste Mal nach Hualian zurückkehrte, übernachtete er bei uns. An jenem Abend saß Vater mit ihm am Tatamitisch und sah zu, wie sein Gegenüber ein Bier nach dem anderen in sich hineinschüttete und mit ausladenden Gesten laut und erregt sprach. Vaters Gesichtsausdruck wurde immer gequälter. Unter einem Vorwand machte ich mich mehrfach im Zimmer zu schaffen in der Hoffnung, dass dem Gast mein Erscheinen lästig fiel und er endlich ins Bett ging. Doch alles, was ich vernahm, war das schwache Zirpen der Insekten, wenn er einmal in seinem Wortschwall innehielt. In jener Nacht lag ich unter dem Moskitonetz und konnte es kaum erwarten, bis der Gast zwei Papiertüren weiter endlich aufstand. Schließlich bedankte er sich und tauschte mit meinem Vater Höflichkeiten aus. Ich hörte seine Holzpantinen vorbeigehen, dann seine nackten Füße auf den Dielen. Endlich war alles ruhig, nur draußen wehte der Wind durch den Drachenaugenbaum, wie um uns wissen zu lassen, dass die Nacht schon fortgeschritten sei. Es war tatsächlich sehr spät, als ich endlich einschlief.

Mitten in der Nacht erwachte ich von lauten Geräuschen – ein Schlagen und Zerren, Schieben und Treten, das zunächst am fernen Horizont des Traumlands stattfand, sich dann aber rasch näherte und mich, aufs Kopfkissen prallend, weckte. Lauschend setzte ich mich im Bett auf. Bestimmt war ich nicht der Einzige, der in der nächtlichen Stille dieses unaufhörliche Stampfen und Wummern hörte. Ich schälte mich aus meinem Moskitonetz und schob, obwohl es umständlich und zugig war, den hölzernen Fensterrahmen beiseite, um draußen im dunklen Hof etwas erkennen zu können. Und tatsächlich sah ich den Südländer mit dem pechschwarzen Haar unter dem fahlen Licht des abnehmenden Mondes, wie er die Hände abwechselnd nach links und rechts schob. Gleichzeitig kickte, sprang und strampelte er und seine Füße verursachten auf dem trockenen Boden ein dumpfes Geräusch, das im Hof widerhallte. Zwischen raschem Herumwirbeln und plötzlichem Verharren hörte ich laut seinen Atem gehen, wobei er die reifen

Früchte unseres Kakibaumes und dessen dürre, raschelnde Blätter belästigte, unruhig und von der fremden Gestalt irritiert schwankten sie im Herbstwind.

Ich ahnte, was er mit seinen Bewegungen ausdrücken wollte.

Dabei nahm er durchaus in Kauf, nicht nur mich, den sensiblen schweigsamen Gymnasiasten, aufzuwecken, sondern auch meine Eltern, seine zurückhaltenden Gastgeber, womöglich sogar die Verwandten von gegenüber, mit denen er wegen der Familienfinanzen im Streit lag. Vater und Mutter waren offenbar nicht aufgestanden, um der Sache nachzugehen, sonst hätte ich das Knarren der Dielen hören müssen; sie wollten sich lieber nicht einmischen. Ausgerechnet zu dieser nächtlichen Stunde, wo alles in tiefer Stille lag, wollte der Mann mit dem pechschwarzen Haar, der zu viel getrunken und geredet hatte, mit Fäusten und Füßen seine Kampfkunst praktizieren und um die herbstliche Mitternacht unter dem schwachen Mondlicht auf dramatische Weise seinen streitbaren Geist unter Beweis stellen. Auf und nieder, hin und her – er schnellte hoch, wirbelte herum, wich zurück und brachte damit etwas zum Ausdruck, was sich nicht in Worte fassen ließ: eben jenen streitbaren Geist. Das war seine ganz persönliche Stellungnahme zu den unklaren, widersprüchlichen Verhältnissen. Seine abgehackten Bewegungen schienen einen geheimnisvollen inneren Zusammenhang zu besitzen.

Langsam kam der Zug zum Stehen. Über dem Bahnsteig hing ein Schild, auf dem in großen Schriftzeichen »Taoyuan« stand. Ich erinnerte mich, es schon einmal gesehen zu haben. Damals hatten wir unsere Fahrräder von Taipeh in den Süden transportiert und der Zug hatte auch in Taoyuan gehalten, aber wir durften nicht aussteigen. Ich hatte mich an das zum Bahnsteig gelegene Fenster gedrängt, um wenigstens den Bahnhof jenes Ortes in Augenschein zu nehmen, der Schauplatz so vieler Familiengeschichten war. Das war vor etwa drei Jahren gewesen, im Hochsommer. Reisende passierten die Sperre am Bahnsteig, dann war der Zug plötzlich angefahren, sodass der Händler, der Proviant verkaufte, in Laufschritt fiel, um Ware und Wechselgeld noch durchs Zugfenster reichen zu können.

Jetzt trat ich aus dem Bahnhof und spürte, wie die Sonne auf den Platz niederbrannte; es war windstill, doch obgleich kein Hauch sich regte, war die vormittägliche Luft noch frisch und klar. Die Straßen der Stadt waren gerade ausgerichtet und hatten sich eine altmodische Bescheidenheit und Ordnung bewahrt, ein zurückhaltendes Ehrgefühl, das durch die im Laufe der Jahre erlittenen Härten und Rückschläge noch verstärkt wurde. Es gab freilich auch Ereignisse, auf die man mit Stolz zurückblicken konnte, vielleicht gerade deshalb, weil die Stadt so viele Berichte über ihre Geschichte zu hören bekommen hatte.

Die Sonne stand fast schon im Zenit, nur ein winziges Stückchen fehlte noch. Zögernd stand ich unter dem kurzen Gebäudeschatten, da mir jedoch nichts anderes übrig blieb, ging ich schließlich direkt auf die unter den Bäumen wartenden Fahrrad-Rikschas zu. Einer der Fahrer schob sich den Bambushut in den Nacken und musterte mich abschätzig.

»Eine Fahrt?«, fragte er. »Wohin?«

»Können Sie mich zum Haus meines Onkels Alter Knabe fahren?«, fragte ich ihn, wie es mir sechster Onkel geraten hatte. Wenn ich vom Bahnhof käme, sollte ich einfach dem Rikscha-Mann den Grund meines Besuchs nennen. Das würde genügen, meinte er, doch ich hatte gleich meine Zweifel gehabt.

»Alter Knabe?«, fragte der Fahrer gereizt, »Onkel Alter Knabe?«

»Großonkel Alter Knabe«, stellte ich richtig.

»Großonkel Alter Knabe?«, wiederholte er. »Wer soll das denn sein?«

»Mein Großonkel.«

Einer seiner Kollegen machte den Hals lang und trat hinzu. Ernsthaft fragte er mich: »Aha, dein Großonkel. Woher kommst du denn?«

»Aus Hualian.«

Die beiden sahen einander ratlos an und zogen sich zu einer Beratung an den Teich mit der Fontäne zurück. Dann kam der Erste zu mir zurück.

»Komm, Kleiner, ich bring dich hin«, erklärte er in einer Art Singsang. »Ich bring dich zu deinem Großonkel Alter Knabe.«

Ich stieg in sein Gefährt; der Sitz aus Kunstleder fühlte sich fest und heiß an, ein bisschen wie der Rücken eines Wasserbüffels. Mit der rechten Hand löste er die Bremsstange unter seinem Sitz, dann trat er ein paarmal kraftvoll an und die Räder rollten widerstandslos aus dem Schatten der Bäume heraus. Wir fuhren in Richtung Teich, wendeten und bogen zügig in die Hauptstraße ein. Inzwischen war die Sonne dem Zenit noch ein Stück näher gerückt.

Auf der Straße flanierten die Leute gemächlich unter der sengenden Sonne, sie unterhielten sich im Schatten der Bäume oder ruhten sich aus. Bald würde der Septemberwind abkühlen, jetzt aber blies er mir noch so heiß ins Gesicht, dass mir der Schweiß ausbrach. Der regelmäßige Wechsel von Licht und Schatten in der Fahrrad-Rikscha machte mich etwas träge, und ich stellte mir vor, wie mein Gesicht vor grundloser Zufriedenheit erstrahlte und dabei unverhohlen Selbstgefälligkeit und ein gewisses Selbstvertrauen ausdrückte. Die letzte Wärme des Sommers würde sobald nicht vergehen, lag doch die Asche des Papiergelds, das man während des *Geistermonats* auf den Straßen und Gassen in loderndem Feuer für die verstorbenen Vorfahren verbrannt hatte, noch in erkalteten Häufchen in den Feuereimern oder wurde vom Wind aufgewirbelt und in die Häuserecken geweht. Genau in dieser Zeit trieb es mich in die Heimat meiner Vorfahren, zum Stammsitz, wo die Sippe bereits seit Generationen ansässig war. Ob mir nun der Sinn danach stand oder nicht, jedenfalls näherte ich mich unaufhaltsam diesem sagenumwobenen Ort. Er sei, hatte man mir gesagt, ziemlich abgelegen.

Bislang hatte ich keinerlei Interesse gezeigt oder auf eigene Initiative die Geschichte meiner Vorfahren erforscht, zum Beispiel wie sie vor fünf oder sechs Generationen von Tangshan aus das Meer überquert hatten, ein Spielball der Wellen und Gezeiten, bis sie schließlich an einem offenen, flachen Strand im Norden der großen Insel anlandeten, die ansonsten von hohen Gebirgen besetzt war. Hier flossen die reißenden Bergbäche langsamer, und ein ungewöhnlich breites Flussbett rief die Unbekannten, die mit ihrem Schiff auf dem endlosen Wasser trieben, zu sich herein, indem es ein behagliches Loblied auf Frieden und Glück, Ruhe und Wohlergehen, auf Feldarbeit und Bildung sang. Hier gab es flachen Strand, saubere Quellen, grasreiche Weiden, milden Wind und warmen Regen, und dahinter erstreckte sich fruchtbares Ackerland.

»Hier ist es«, sagte der Mann und stellte die Fahrrad-Rikscha unter einem Baum an der Straße ab. Die Gegend, in der Großonkel Alter Knabe wohnte, wirkte ruhig. Die Vorderfront des Hauses bestand aus einer Reihe von Türen, deren obere Hälfte vergittert und verglast war, die Rahmen aus sauberem, rohem Holz waren nicht lackiert.

Als der Fahrer zweimal klopfte, wurde eine der Türen geräuschvoll zur Seite geschoben. Ein junger Mann, der ein paar Jahre älter sein mochte als ich, sah zuerst den Fahrer und dann mich an.

»Dieser Junge hier«, der Fahrer deutete mit dem Daumen über die Schulter auf mich, »ist der Großneffe von Meister Alter Knabe.« Schon im Gehen ergänzte er noch: »Er sagt, er kommt aus Hualian.« Ihm war anzuhören, dass er es nicht recht glaubte.

Der junge Mann bat mich freundlich zu warten, während er im Inneren des Hauses verschwand, um nachzufragen. Hinter den Türen bemerkte ich eine geräumige, nahezu unmöblierte Halle. Zu beiden Seiten gab es in regelmäßigen Abständen hohe Fenster aus Mattglas. An der Wand standen Stühle aufgereiht, nur am Ende der Halle, unter den Dachbalken, war eine Garnitur großer Lehnstühle freistehend wie eine quadratische Festung angeordnet, jeder mit eigenem Teetischchen daneben. Im Hintergrund konnte ich weitere Türen erkennen, deren obere Hälfte vergittert und mit Reispapier beklebt war. Links und rechts davon führten Durchgänge in das Innere des Hauses. Noch nie hatte ich eine so triste, leere Halle gesehen; sie schien weder als Ladengeschäft noch für das tägliche Leben oder als Wohnzimmer tauglich, vielmehr wirkte sie wie ein Versammlungsraum, in dem man jederzeit zusammenkommen konnte. Und so war es auch. Auf gleicher Höhe mit den Lehnstühlen hingen zwei Holztafeln mit Schriftzeichen zu Ehren des Hausherrn. Auf der linken stand: »Für Verdienste um seine Landsleute«; das alte, polierte Wachholderholz schimmerte in der Mittagssonne. Die Tafel zur rechten war neueren Datums und die Goldschrift auf schwarzem Lackgrund erstrahlte so grell, dass ich sie nur mit zusammengekniffenen Augen lesen konnte. Die vier Schriftzeichen verkündeten: »Seine Hingabe ist grenzenlos«, ein Lob, das mir etwas übertrieben schien.

Als ich des älteren Herrn ansichtig wurde, wusste ich sofort, dass es sich um Großonkel Alter Knabe handeln musste.

Er war aus dem linken Durchgang getreten und schätzungsweise zwischen fünfzig und sechzig Jahre alt. Entgegen meinen Zweifeln und Vermutungen, die sich aus dem speisten, was ich gehört, gesehen und mir zusammengereimt hatte, sah ich ihn freundlich inmitten der Halle stehen, mein Näherkommen und meinen respektvollen Gruß erwartend. Sein Ausdruck war verbindlich, wenngleich man ihn kaum als wirkliches Lächeln bezeichnen konnte. In den raschen, kraftvollen Bewegungen verharrend, hatte er die Mundwinkel nur kurz nach oben gezogen. Deswegen war ich mir auch so sicher, dass hier mein legendärer Großonkel Alter Knabe vor mir stand – wer auch sonst? Seine glatte, glänzende Stirn, von der die Haare allmählich zurückwichen, war ungewöhnlich breit, genau wie bei seinen Neffen – meinem ruhigen ersten Onkel und dem so früh verstorbenen zweiten Onkel. Dasselbe galt für die untere Gesichtshälfte – Nase, Mund und Kinn –, besonders, als er wie eben unwillkürlich lächelte. Der Impuls dazu schien von der leichten Wölbung in der Mitte der Oberlippe auszugehen und sich von dort zu den Mundwinkeln fortzusetzen, wo er den Effekt eines Lächelns hervorrief, wenn auch ein eher verhaltenes. Solche Gesichtszüge waren typisch für die Familienmitglieder der Generation meines Vaters und hatten sich sogar auf meine Cousine väterlicherseits weitervererbt, obwohl sich in meiner Generation eigene unverwechselbare Merkmale ausgebildet hatten. Großonkel Alter Knabe war in aufgeräumter Stimmung. Ich hatte bereits viel darüber gehört, wie er sich die Kampfkunst angeeignet hatte und welch edles, ritterliches Verhalten er an den Tag legte; über weitere Einzelheiten wollte ich indes gar nicht so genau Bescheid wissen, sie sollten besser im Unklaren bleiben. An jenem Tag trug er eine chinesisch geschnittene Leinenjacke, deren oberster Knopf offen blieb. Im Kontrast zu dem schütteren Haar – ein Zeichen, dass er nicht mehr der jüngste war – überraschte seine ungewöhnlich kraftvolle Gestalt; genau genommen hatte ich noch nie einen so kräftigen Mann seines Alters gesehen. Zudem hatte sich mein Großonkel eine strahlende Vitalität bewahrt, die erkennen ließ, dass etwaige Überheblichkeit und Geltungssucht längst überwunden waren; er hatte eher etwas von der warmen, geläuterten Ausstrahlung eines Gelehrten, und diese zog mich unmittelbar in seinen Bann.

Er ließ sich in dem Lehnstuhl gegenüber der Tür nieder, wies mir den Platz zu seiner Linken an und sagte auf den jungen Mann deutend, der mir geöffnet hatte: »Das ist dein Onkel.« Ich erhob mich, ihn zu begrüßen.

Dann erkundigte sich Großonkel Alter Knabe, was es zu Hause Neues gebe. Weil mich solche häuslichen Angelegenheiten jedoch nicht sonderlich interessierten, konnte ich ihm nicht einmal sagen, wer wen geheiratet und wer Nachwuchs bekommen hatte. Allenfalls Sterbefälle berührten mich, etwa der des zweiten Onkels, der in der Druckerei verunglückt war; aber dieser Unfall lag bereits einige Jahre zurück und mein Großonkel wusste darüber natürlich längst Bescheid.

Allmählich ging uns der Gesprächsstoff aus, und ich wusste nichts mehr zu sagen – mein mangelndes Interesse am Gegenstand unserer Unterhaltung rührte auch daher, dass meine ganze Aufmerksamkeit auf den alten Herrn und die an ihm erkennbaren Eigenschaften gerichtet war, wo-bei mir vor allem seine vornehme und kultivierte Art auffiel, etwas, das man langjährigen Anhängern der Kampfkunst zuschreibt, deren kraftvoller Ausdruck durch das beständige Bemühen allmählich von Zartheit und Sanftmut abgelöst wird, eben jene freundliche und zugleich ernsthafte Nonchalance, mit der mir mein Großonkel entgegengetreten war. Wie lächerlich wirkte dagegen jener hitzköpfige Südländer, der unter unserem Kakibaum mitten in der Nacht, statt zu schlafen, seine Kampfübungen gemacht hatte –, da ging die Tür auf, und ein großer, kräftiger Mann mittleren Alters mit zerfurchter Stirn trat ein.

Er ging auf den Lehnstuhl des Großonkels zu, doch als er mich bemerkte, zogen sich seine Augenbrauen noch mehr zusammen und er blieb unschlüssig stehen. Großonkel Alter Knabe bedeutete ihm, sein Anliegen vorzutragen. Ich wandte mich unterdessen der hinter mir hängenden Tafel zu, auf der die Namen der Spender verzeichnet waren: der Bürgermeister, der Präsident der Abgeordnetenkammer, der Parteivorsitzende, der Polizeichef und die Direktoren der Bauernverbands, des Wasserwirtschaftsamts, des Fischereivereins und so fort – eine lange Liste aus Titeln und Namen. Dann sah ich mir die andere, in Schwarz und Gold lackierte Tafel an, auch sie war mit unzähligen Namen versehen. Dazwischen hörte ich die gepflegte Stimme meines Großonkels: »Ja, das ist gut ...«, und der Mann bestätigte: »Ja, ja, so machen wir's.« Dazu nickte er eilfertig, machte eine Verbeugung und verließ, ohne mich weiter zu beachten, die Halle.

Nachdem der junge Onkel die Tür hinter ihm geschlossen hatte, kam er zu mir und erkundigte sich, an welcher Universität ich studieren würde, ob ich in einem Wohnheim unterkäme und dergleichen oberflächliche Fragen. Ich wollte ihm eben antworten, als Großonkel Alter Knabe die Hand hob und auf die gerade erst geschlossene Tür deutete, an der es schon wieder klopfte. Der junge Onkel stand bedächtig auf und ging erneut nach vorne. Mein Großonkel schloss indessen kurz die Augen und öffnete sie dann weit; er kam mir vor wie ein Arzt, der entspannt auf seinen nächsten Patienten wartet, da er am helllichten Tag ja nicht befürchten muss, mit einem Notfall konfrontiert zu werden.

Der junge Onkel nahm mich mit ins Innere des Hauses, damit ich die Großtante begrüßen konnte, eine mollige, gesetzte Dame mit zartem Teint, die längst nicht so alt wirkte, wie ich sie mir vorgestellt hatte. An das Haus grenzte ein großer Garten, auf dessen einer Seite ich ein Spalier aus Weinreben zu erkennen glaubte, was mich allerdings wunderte, denn ich hatte mehrfach gehört, dass Taiwaner nicht gern Weintrauben anbauen. Auf einmal war ich mir nicht mehr so sicher, handelte es sich dabei wirklich um Trauben? Aber warum sollte der Großonkel sie eigentlich nicht in seinen Garten pflanzen?

Am Fuß der gegenüberliegenden Mauer standen Bonsai verschiedener Größe, die unter der Mittagssonne ihre kurzen Schatten warfen, um sich gegenseitig zur Geltung zu bringen; zwischen den Töpfen waren wie zufällig kleine Wasserlachen stehen geblieben, was eine herbstlich kühle Stimmung erzeugte. In einer ruhigen Ecke des Gartens gab es ein quadratisches Bassin; im seichten Wasser tummelten sich Karpfen und andere handtellergroße Fische. Das Zentrum des Gartens nahm ein freier, mit Sand und Kies bedeckter Platz ein, bei dessen Anblick mich das unangenehme Gefühl beschlich, ein Geheimnis meines Großonkels entdeckt zu haben. Mir war, als hätte ich unversehens einen Blick in seine Privatangelegenheiten getan, und mein Herz klopfte schneller: Hier absolvierte er offenbar sein tägliches Kampftraining. Ich stellte mir vor, wie der alte

Mann frühmorgens, vom Krähen der nachbarlichen Hähne begleitet, beständig seinen Atem regulierte oder Fußtritte und Faustschläge übte, kraftvoll wie ein Tiger und mit einem ernsthaften Ausdruck im Gesicht.

Ich hatte nur einen kurzen Blick darauf geworfen und die Augen sofort wieder abgewandt, wie um zu beweisen, dass ich eigentlich nichts gesehen und das darin enthaltene Geheimnis keineswegs durchschaut hatte – ich konnte also ganz beruhigt sein. Dennoch war mir unbegreiflich, warum ich nicht einmal daran denken wollte, wie mein Großonkel Alter Knabe oder sein Sohn, der junge Onkel, dort draußen Kampfkunst übten. Offenbar zog ich es vor anzunehmen, dass er immer nur in seinem Lehnstuhl in der großen Halle saß und mit dem Fächer wedelnd konzentriert den kleinen und großen Anliegen lauschte, Entscheidungen traf und Probleme löste – ein tüchtiger Dorfältester, der jeden Streit schlichten konnte. Vielleicht lag es daran, dass ich ihn, und mehr noch den jungen Onkel, im Grunde bewunderte. Dieser beherrschte die Kampfkunst bestimmt ebenso gut, er konnte den Schwachen helfen und roher Gewalt entgegentreten, hatte es aber nicht nötig, das zu zeigen, sondern wirkte ruhig und sicher. Eines Tages würde er mit derselben beneidenswerten Souveränität im Lehnstuhl meines Großonkels sitzen, ein Lebensstil, wie ich ihn niemals erreichen würde, weshalb ich mich schon jetzt rückständig fühlte; nie würde ich eine ähnlich edle Gesinnung haben wie mein Großonkel oder in seine Lebensbereiche vordringen.

Aber welche Bereiche waren das? Darüber habe ich mir später oft Gedanken gemacht. Jedenfalls schienen sie mir geheimnisumwittert und nicht ungefährlich. Aber gerade die Tatsache, dass sie mit Geheimnissen und Gefahren verbunden waren, die unseren normalen Lebensumständen fremd blieben, machte ja den Reiz aus. Ich wusste zwar, wie unlogisch dieser Gedankengang war, hielt aber dennoch leichtfertig an der Überzeugung fest, dass Großonkel Alter Knabe nicht wie die meisten aus unserer Familie Feldarbeit verrichtete und auch keinen Handel trieb, auch hatte er nicht eifrig gelernt, um einen Posten als Angestellter, Lehrer oder gar Polizeibeamter zu bekommen. Daher wäre also leicht vorstellbar, dass es ihm nicht recht war, wenn der Junge aus Hualian zu viele der Legenden um seine Person kannte. Abgesehen von den zwei Tafeln mit Lobsprüchen in der großen Halle, gab es nichts weiter zu sagen. Und da das alles ja nur auf meiner Vorstellung beruhte, beschloss ich, vollkommen unbedarft und ehrlich so zu tun, als wisse ich von nichts; der alte Herr konnte also beruhigt sein. Aber selbst das waren grundlose, unlogische Vermutungen: Wie konnte ich so sicher sein, dass er mir diese Informationen tatsächlich vorenthalten wollte? Es wäre ja auch denkbar, dass er durchaus stolz war auf seinen Lebensstil.

Früh am Morgen des nächsten Tages gab mir Großonkel Alter Knabe einen kräftigen Mann mit, der mich in die Berge zu den Gräbern der Vorfahren begleiten sollte. Das Morgenlicht schien durch das Blattwerk auf den an- und absteigenden Bergpfad und der ferne Horizont wirkte wie schwebender blauer Rauch. Das gelegentliche Zirpen der Zikaden fiel gemeinsam mit dem Sonnenmuster aus der Luft auf meine Kleidung. Von meinem Platz vorn auf dem Wagen einer kleinen Materialbahn, der mal schnell, dann wieder langsam auf Schienen dahinglitt, konnte ich mich umsehen. Der Mann lief hinter mir zwischen den Schienen und schob, sobald ein steiles Stück kam und der Wagen zurückrutschte, kräftig an. Dann wieder sprang er auf und packte die querliegende Handbremse am hinteren Ende des Wagens. Während der Fahrtwind die Krempe seines Bambushutes aufstellte, warnte er mich, den Blick aufmerksam nach vorn gerichtet, immer wieder: Vorsicht, Achtung, jetzt geht's bergab, bis der Wagen seine Fahrt wieder verlangsamte. Baumschatten bedeckten das gesamte Tal und den oben erwähnten Berghang – eine einzige smaragdgrüne Fläche. Das war der Tigerkopfberg.

2007

Aufzeichnungen
über ein Tal

山
谷
记
载

Die Fauna der Kindheit ist noch fest in meinem Gedächtnis verhaftet, vor allem auf die Gerüche kann ich mich verlassen, ebenso auf die Farben und Klänge. Auch schien es mir, als wäre das Tal nicht sonderlich überrascht über mein Erscheinen: Ich kehrte heim.

Die Eisenbahnfahrt in den Süden war lang gewesen. Wir überquerten ein Flussbett voller Kieselsteine, und weil wir nach Süden fuhren, befanden sich die hohen Berge rechts und die kleinen links. Die Quelle des Flusses dürfte in den hohen Bergen liegen; ich habe das zwar nicht nachgeprüft, aber es muss wohl so sein. Während der Zug schnell über die Brücke fuhr, verengte sich das Flussbett auf der Seite der hohen Berge zu einem unregelmäßigen Dreieck; dieses Dreieck verschob sich in der Mitte der Brücke zu einem gleichschenkligen, und wurde an ihrem Ende wieder zu einem unregelmäßigen, bis es schließlich ganz verschwand. Unvermittelt tauchten wir in einen dichten Bambuswald ein; meine Erregung wuchs, während wir weiter nach Süden ratterten. Obwohl wir uns längst im Bambuswald befanden, hing in meinem Kopf noch immer der Nebel, der den spitzen Winkel des Dreiecks ausgefüllt hatte. Ich war aufgeregt.

Schließlich hielten wir an einer kleinen Bahnstation – ihr Name tut hier nichts zur Sache – jedenfalls war es ein typischer Nachmittag auf dem Lande. Leute mit grauen Jacken kamen und gingen durch die Sperre, vorbei an einem Fahrkartenkontrolleur mit ausdruckslosem Gesicht. Sobald er allerdings einen Bekannten sah, hellte sich seine Miene auf, und er sprach ihn freundlich auf *Hakka* an. Außerhalb des Bahnhofs spielten ein paar Kinder, und zwei alte Männer saßen sich auf einer Bank gegenüber, ein Spielbrett zwischen sich. Ein ganz normaler Nachmittag an einer kleinen Bahnstation.

Der Zugang zum Tal macht einen Knick, und selbst der unachtsame Reisende kann nicht umhin, den Berg und seine selbstgenügsame kleine Welt zu bemerken, die sich plötzlich vor ihm auftut. Durchs Geäst sah man im Tal die Reisfelder liegen. Die Frühjahrssetzlinge waren noch nicht ausgepflanzt und standen dicht beieinander, doch eines Tages würde die Zeit der Ernte kommen. Der Weg fiel steil ab und führte über eine kleine Holzbrücke. Unmittelbar dahinter befand sich ein Schrein für den Erdgott, nicht höher als die ihn umgebenden Azaleensträucher. Als ich mich umdrehte, stand ich vor einer Schänke.

Mir wehte ein Duft entgegen, den ich sofort als den von Pomeloblüten erkannte. Und tatsächlich ragten die weißen gefüllten Blütenkelche aus dem grünen Blattwerk hervor, von Bienen umschwirrt. Wie lange sie vom Aufblühen bis zur reifen Frucht brauchen, weiß ich nicht. Solche Bäume sind, neben den allgegenwärtigen Betelnusspalmen, im Osten Taiwans weit verbreitet, weshalb die Spieler der Baseball-Jugendmannschaft »Rotes Blatt« die von Regen und Wind heruntergewehten Pomelos anstelle eines Baseballs zum Üben ihres Abschlags benutzten. Der Anblick dieser Bäume ließ mich sofort an die Seerosen denken, die im Tal ebenfalls zahlreich wuchsen; in der Dämmerung hatten sie in dem kleinen Teich inmitten von Moskitoschwärmen ihre Blüten entfaltet, und Frösche sprangen von den Blättern ins Wasser. Ich hatte mich dann immer ins Haus und hinter die mit Fliegengitter geschützten Fenster gerettet und von dort dem Geräusch der gegen die Glastür prallenden Moskitos und dem Platschen der Frösche gelauscht.

Wie wirkt es sich wohl auf Charakter und Temperament eines Menschen aus, wenn er lange in diesem Tal voller Pomeloduft gelebt hat? Vor der Schänke bemerkte ich einen Mann mittleren Alters, der Mandarinen feilbot. Unentwegt schälte er Früchte, um sie entweder selbst zu verspeisen oder ein kleines Mädchen damit zu füttern, das zu seinen Füßen spielte. Er machte einen trägen, aber zufriedenen Eindruck; eine Deutung, die natürlich völlig unzutreffend sein kann, zumal es neuerdings ja immer heißt, man solle nicht so tun, als wüsste man, wie es um die Gemütslage der Landbevölkerung bestellt ist. Sieht man zum Beispiel einen Fischer mit seiner Laterne hinausfahren, dann darf man Boot und Laterne nicht nur romantisch verklären, sondern muss auch an die harte Arbeit denken, die er dort draußen verrichtet.

Wenn wir also diesen Mann in der warmen Frühlingssonne gemächlich seine Früchte zerteilen sehen, das kleine Mädchen zu seinen Füßen, dann sollten wir auch an die Mühe denken, die er für die Pflege der Mandarinenbäume aufgewendet hat, all das Graben, Düngen und Wässern. Wenn wir also mit solch großartiger Sympathie – oder was wir dafür halten – das Leben anderer betrachten, so geben wir uns selbst dabei als einfühlsame Außenstehende, doch ich habe da meine Zweifel: Wir sind und bleiben Außenstehende.

Können wir so einfach das Tal betreten und die Sorgen und Freuden seiner Bewohner teilen? Ich saß unter dem Vordach der im japanischen Stil gebauten Schänke mit Blick auf Bäume von unterschiedlicher Höhe; hier unten am Fuß des Abhangs herrschte völlige Stille. Da tauchten plötzlich hinter dem Gebäude ein paar Truthähne auf; sie wirkten nicht wie Haustiere, sondern eher wie umherziehende Vagabunden. Als sie an dem Mandarinen essenden Mädchen vorbeikamen, erhob einer von ihnen lautstarken Protest; was seinen Zorn erregte, war nicht ersichtlich, jedenfalls erschrak das Mädchen und brach in Tränen aus. Der Mann sprang auf, um sie zu beschützen, und schimpfte laut auf den Vogel ein. Aus dem Haus kam eine alte Frau gelaufen, und als sie die Situation erfasst hatte, scheuchte sie den Vogel davon. Mit unbeholfenen Schritten floh er aus dem Vorgarten, eine ganz und gar lächerliche Figur. Das alles hatte sich im Laufe weniger Augenblicke ereignet, doch die Geschichte war noch nicht zu Ende. Der Vogel war bereits auf der anderen Seite des Hauses, kollerte aber, wie um sich selbst zu trösten, noch einmal seinen Protest, während das Mädchen an der Hand der alten Frau längst aufgehört hatte zu weinen.

Ich ging, dem Bach folgend, weiter bergab. Die Sonne schien jetzt grell, aber hier im Tal war es weder heiß noch schwül. Es muss gegen neun Uhr vormittags gewesen sein, aber wie so oft wusste ich das nicht genau. Als ich aufstand, erhob sich der Mandarinenverkäufer zu einer höflichen kleinen Verbeugung und fragte: »Wollen Sie ins Tal hinunter?« Ich lächelte freundlich zurück und deutete auf den Bach unter mir. Kaum dass ich meine Antwort geäußert hatte, stand ich auch schon am Ende einer Treppe; keine Menschenseele war zu sehen.

Auch hier umgab mich starker Pomeloduft, und wenn ich an den Bäumen vorbeikam, konnte ich das Summen der Bienen hören. Vor dem Schrein blieb ich stehen und sah einem großen Hahn zu, der im Gras nach etwas suchte. Noch ein Stück weiter bemerkte ich in der Ferne einen Mann, eine Frau und ein Kind, die mir entgegenkamen. Ich blieb stehen, um ihnen auf der Brücke den Vortritt zu lassen. Das geschah nicht etwa aus Höflichkeit, sondern damit ich sie besser in Augenschein nehmen konnte. Als sie die Brücke erreicht hatten, tat ich so, als ob ich die Fische im Bach beobachtete. In der Hand des Mannes bemerkte ich ein Transistorradio, aus dem, von ständigem Knistern unterbrochen, Musikfetzen leise zu mir herüberwehten. Es dürfte nicht einfach sein, hier unten im Tal guten Empfang zu haben. Während sie die Brücke überquerten, starrten sie mich ihrerseits unverhohlen an, ihre Neugier stand der meinen in nichts nach; schließlich waren sie Einheimische, während ich offenkundig ein Fremder war, den es zufällig hierherverschlagen hatte. Mir waren die Mattigkeit und der Lebensüberdruss des Intellektuellen ins Gesicht geschrieben, wenngleich ich allen Grund zu der Behauptung habe, in dieses Tal zu gehören.

Dem Aussehen nach waren sie eine Familie; der Vater stammte vermutlich aus Zentralchina, er hatte die für Leute aus der Provinz Henan typische Stirn- und Wangenpartie. Das sonnengebräunte Gesicht und der entschlossene Ausdruck ließen ihn hier zwar nicht fremd erscheinen, doch lag darin ein Zug von Sehnsucht und Heimweh. Möglicherweise gehörte er zu den *Veteranen*, die dieses Land urbar gemacht hatten. Die Begleiterin musste wohl seine Frau sein, Form und Farbe ihres Gesichts sagten mir, dass sie dem hiesigen Stamm der *A-mei* angehörte; das Kind war vermutlich der Sohn der beiden. Wahrscheinlich waren sie schon früh am Morgen aufgebrochen, um in dieses Tal zu gelangen, und bereits seit zwei, drei Stunden unterwegs; wenn sie in diesem Tempo weitergingen, würden sie gegen Mittag den Marktflecken mit der Bahnstation erreicht haben. Allerdings konnte ich mir nicht vorstellen, was sie dort wollten, vielleicht ein paar nützliche Dinge besorgen oder ins Kino gehen – wer weiß. Am liebsten hätte ich ihnen gesagt, dass es von der Schänke eine stündliche Busverbindung in das Städtchen gab, dann hätten sie den Bus nehmen können und würden nicht so lange zu Fuß gehen müssen; aber ich sollte mich da wohl besser nicht einmischen. Ich ließ sie vorbeigehen, und als sie schätzungsweise zwanzig Meter von mir entfernt waren, drehte ich mich um und sah ihnen nach. Doch die drei waren genauso neugierig wie ich und hatten sich ebenfalls umgedreht, erschrocken blickten wir einander an und wandten uns dann rasch ab. Nach diesem kleinen Missgeschick würden sie sich wohl nicht mehr nach mir umdrehen, und auch ich wagte es nicht.

Mit gesenktem Kopf ging ich bis zur Mitte der Brücke, blieb dort stehen und betrachtete nun tatsächlich die Fische. Sie waren winzig, kaum einen Finger lang, und tummelten sich zwischen den Steinen im glasklaren Wasser, manchmal aber verharrte der ganze Schwarm. Sie hatten die Farbe des Flussbetts, nichts Auffallendes, so wie kleine Fische in Bergbächen eben sind, auch wenn ihre Erscheinung in literarischen Reiseberichten in der Regel übertrieben wird.

Im Weitergehen sah ich unweit des Ufers drei Zelte aus dunkelgrünen Plastikplanen. Schon von Weitem erkannte ich, dass es sich um Angehörige des A-mei-Stammes handeln musste. Rasch trat ich näher und beobachtete, wie zwei Männer die Wände des vordersten Zeltes mit Bündeln geschnittenen Schilfs verkleideten. Fraglos eine Maßnahme, um sich vor der Hitze zu schützen. Es dürfte jetzt etwa zehn Uhr vormittags sein, und die Sonne würde mit der Zeit immer heißer werden; ohne diese schützende Schicht aus Schilf würde die Hitze in den Zelten nachmittags unerträglich sein.

Davor gab es eine mit Steinen eingefasste Feuerstelle, die offenbar zum Kochen benutzt wurde. Am Ufer war eine Wäscheleine gespannt, auf der ein paar Kleidungsstücke in kräftigen Farben hingen. Von meiner erhöhten Position auf dem Damm konnte ich einen flachen Platz hinter den Zelten ausmachen, wo Kinder gerade ihre Wasserbüffel bestiegen. Sie waren etwa zwölf oder vierzehn Jahre alt und trugen Schultaschen, die in Größe und Farbe denen der Schüler in der Stadt glichen, rot, blau oder gelb, aber die Art, wie sie sie trugen, war anders. Die A-mei-Kinder hatten sich beide Riemen übergestreift, während die Schüler in der Stadt sie sich selbst beim Radfahren nur lässig über eine Schulter warfen. Über den Inhalt dieser Taschen kann ich nichts sagen. Inzwischen waren alle aufgesessen und unterhielten sich lautstark. Ich konnte sie aus der Entfernung schlecht hören, aber selbst aus der Nähe, würde ich sie wohl kaum verstanden haben. Sie ritten auf den Berg zu, gefolgt von einem Trupp johlender kleinerer Kinder, sogar ein Hund rannte ihnen bellend nach.

Inmitten des lauten Getümmels entdeckten sie mich plötzlich oben auf dem Damm, verwundert blieben sie stehen und starrten mich an. Auch der Hund hatte zu bellen aufgehört. Alle verharrten einen Moment, dann setzten Bewegung und Stimmen wieder ein. Die Kinder winkten mir vom Rücken ihrer Reittiere zu, ich winkte zurück. Hundegebell vermischte sich mit dem Klang der Kuhglocken, und beides entfernte sich langsam.

Parallel zu ihrem setzte ich meinen Weg auf dem Damm fort, zwischen uns der Bach, da ich jedoch langsam ging, verlor ich die Büffel schon bald aus den Augen. Die Sonne stieg höher, und ich suchte Schutz im Schatten eines Platanenhains, wobei ich einen Mann und eine Frau beim Baden überraschte. Auch sie hatten mich bemerkt, tauch-

69

ten schnell bis zum Hals ins Wasser und winkten mir zu. Nun ist es wohl an der Zeit, zuzugeben, dass ich in diesem Bergdorf der A-mei meine Kindheit verbracht habe.

Die Gerüche und Farben des Dorfes sind mir noch sehr vertraut, und als ich den Pfad und die Pflanzen am Wegrand sah, kam mir natürlich unwillkürlich Proust in den Sinn, und ich fühlte mich um Jahre zurückversetzt. Ich war sechs, als ich diese Gegend verließ, und ich bin die letzten dreißig Jahre nicht hierher zurückgekehrt. Warum ist mir trotz der langen Zeit alles noch so vertraut? So zu tun, als wäre ich gestern erst weggegangen, wäre vermessen, dennoch drängte sich mir die Frage auf, wie ich die vergangenen dreißig Jahre verbracht habe. Ebenso vermessen wäre es, die Existenz dieser dreißig Jahre einfach zu leugnen.

Nach dem Krieg habe ich mit demselben Bummelzug diese Gegend verlassen – damals hockte ich auf dem Dach eines Güterwaggons, während die Betelnusspalmen an mir vorüberzogen, und als sie das nicht mehr taten, war ich in Hualian angekommen. Dort hat alles angefangen. Seither bin ich nicht mehr in diesem Tal gewesen, dreißig Jahre lang. Doch da ich nun wieder hier bin, erscheint mir dieser Zeitraum wie eine Illusion; vielleicht deshalb, weil die Außenwelt sich so stark verändert hat und ich mich mit ihr, während in diesem Tal die Veränderungen langsamer vorankamen oder überhaupt nicht stattfanden.

Was ist realer – Stillstand oder Veränderung? Aber mit solchen philosophischen Fragen will ich mich gar nicht belasten.

Dies sind Aufzeichnungen über ein Tal; mit Worten versuche ich, jene sehnsuchtsvolle Erde und die fernen Tage zu beschreiben. Ich habe bereits über das Tal geschrieben, und man könnte endlos weitermachen. Meine Sehnsucht nach dieser vergangenen Zeit habe ich dabei allerdings nicht erwähnt, dafür liegt sie zu weit zurück. Außerdem weiß ich, dass man besser aufhört, wenn philosophische Gedanken sich einschleichen.

Also höre ich jetzt besser auf, über das Tal zu berichten.

1976

Die Spinne,
das Silberfischchen
und ich

蜘蛛蠹魚和我

Wenn ich an Berkeley denke, so fallen mir stets die Bibliothek und einige Buchläden und Antiquariate des Univiertels ein. Vieles hat sich dort inzwischen verändert, was auf einen grundsätzlichen Sinneswandel schließen lässt. Darüber würde ich gern reden, weiß aber nicht, wo beginnen. Vielleicht liegt es daran, dass es sich um die Erinnerungen eines ehemaligen Doktoranden handelt, dem Bücher und alles, was mit ihnen zusammenhängt, wichtiger war als sein übriges Alltagsleben. Alles drehte sich um die Bücher, doch dann verloren sie ihre ausschließliche Bedeutung, und während dieser unbestimmten Jahre war meine Existenz wenig besser als die eines Silberfischchens.

Von allen Bibliotheken hat sich mir diejenige des Institute of East Asian Languages and Cultures am meisten eingeprägt; sie war in Durant Hall untergebracht und hat ruhig und dauerhaft in meinem Gedächtnis überlebt, unbehelligt von den wechselnden Stimmungen und Tönungen der Vergangenheit, Gegenwart und Zukunft. Sauber und reingewaschen steht das Gebäude in seiner Ursprünglichkeit da, wie Eis oder Schnee von keiner Spur infiziert. Aber woher nehme ich das Wissen um die Ursprünglichkeit dieses Gebäudes? Bereits zu meiner Zeit wirkte es ziemlich altertümlich, wie es da, aus großen Steinquadern gebaut, unweit des Haupteingangs am Fuß einer kleinen Anhöhe lag, im Sonnenschein funkelnd und den Herbststürmen trotzend. Vielleicht bestand seine Ursprünglichkeit ja gerade darin; jede andere blieb mir jedenfalls verborgen. Es heißt, dass der Pastor Henry Durant einst auf langer, beschwerlicher Reise von Neuengland nach Kalifornien gekommen sei. Als er und seine Kameraden schließlich an die Küste gelangten, lag vor ihnen eine Bucht, in der eine Insel schwebte, dahinter dehnte sich der Pazifik. Sie beschlossen, in der Bucht zu siedeln, und sie nannten das Kap, auf dem viele Eichen wuchsen, Oakland; weiter im Landesinneren gab es einen Ort, wo die Hügel von Norden her in ein enges Tal mit dichten Eukalyptusbäumen ausliefen, ihm gaben sie den moralisch verpflichtenden Namen eines Bischofs: Berkeley. Zu seinem Freund Dwinelle soll Durant gesagt haben, hier solle eine Universität entstehen, damit die jungen Leute jenes abgelegenen Grenzgebiets eine Chance auf Bildung bekämen. Sein Freund hielt dagegen, dass eine Universität nicht so einfach zu errichten sei, doch Durant erwiderte: »So schwer ist das gar nicht: Alles, was man braucht, sind ein Gebäude, ein paar Bücher, ein Lesesaal und ein Tabakladen in der Nähe.«

Durant Hall war sicher nicht das erste Gebäude, das seinerzeit errichtet wurde, aber weil es unweit des damaligen Eingangs zur Universität lag, nimmt man an, dass es bereits bei Gründung der Universität existierte.

In meiner Zeit als Doktorand war der Campus rasch durchschritten; trat man aus dem Südtor, so zog sich zur Linken am Fuß des Hügels die Bancroft Way entlang, und genau gegenüber führte die berühmte Telegraph Avenue in unerreichbare Ferne. Und an der Kreuzung beider Straßen gab es zu meiner Zeit tatsächlich noch den kleinen Tabakladen. Aber das ist lange her, und ich bezweifle stark, dass Professoren und Studenten heute noch in Seminaren rauchen. Auch die Bibliothek mit ihrem Lesesaal, in dem auf Wunsch des Gründers klassische Werke an den Wänden aufgereiht und moderne Zeitschriften über Philosophie und

Naturwissenschaften verfügbar sind, würde wohl kaum seinen Namen tragen, wenn sie nicht auf den Pastor zurückginge. Was mir damals sofort ins Auge fiel, war, dass Durant Hall später noch einmal umgebaut worden sein musste. Das Gebäude ist auf seiner Nord- und Südseite jeweils mit einem identischen, großen Eichenportal ausgestattet, sie weisen genau in die Richtung, aus der der Wind weht. Im Gang war es stets ein wenig dämmrig und in der Kühle der Luft kreisten rücksichtsvoll gedämpfte, menschliche Stimmen, doch bevor man einzelne Wörter ausmachen konnte, waren sie bereits die Treppen hinauf oder hinab entschwunden.

Die Bibliothek des Ostasiatischen Seminars befand sich im ersten Stock am Ende einer langen Marmortreppe. Damals hatte man mir einen Platz am Mittelgang reserviert. In der Stille dieses vornehmen, hohen Raumes konnte ich mich in die Bücher vertiefen, da sonst nichts zu hören war; zufrieden verbrachte ich dort ganze Tage, unterbrochen nur von Lehrveranstaltungen. Eines Tages stand die ernste Bibliotheksdirektorin, eine gewisse Miss Huff, vor mir und sagte, dort drüben am Fenster sei ein Platz frei geworden, ich könne umziehen, wenn ich wolle. Dabei machte sie eine Miene, die sich auch ohne Worte deuten ließ. Man erzählte sich, dass sie früher an der Yenjing-Universität in Peking Englisch unterrichtet habe und 1949 zusammen mit weiteren christlich engagierten Amerikanern von den Kommunisten ausgewiesen worden sei. Später war sie in Berkeley gelandet und stand nun mit vollem Einsatz der Bibliothek des Ostasiatischen Seminars vor. Woher ihre ungewöhnliche Strenge rührte, war unbekannt. Jedenfalls hielt sie nicht nur den Lesesaal in bester Ordnung, wo abgesehen vom Geräusch des Umblätterns stets absolute Stille herrschte, sondern auch das Magazin war makellos sauber und aufgeräumt, nirgendwo auch nur das geringste Stäubchen. Am meisten hasste sie diejenigen, die keinerlei Ehrfurcht vor den Büchern zeigten und leichtfertig mit ihnen umgingen; wer es wagte, die Seiten mit Kaffee oder Wasser zu bekleckern, wurde streng von ihr zurechtgewiesen. Einmal kam ein amerikanischer Kommilitone mit hoch aufgetürmtem Bücherstapel aus dem Magazin, und auf dem Weg zum Schalter, wo er sich die Ausleihstempel holen wollte, fielen ihm einige Bände auf den Boden. Das laute Geräusch war überall zu hören, und prompt kam Miss Huff aus dem Direktionszimmer gerannt. Was dann folgte, kann man sich vorstellen, mein bedauernswerter vollbärtiger Kommilitone hätte beinahe seinen Bibliotheksausweis eingebüßt.

Miss Huff war auch als akribische Sinologin bekannt, ihr Spezialgebiet war die Grammatik des klassischen Chinesisch.

Meinen neuen Platz unter dem Ostfenster behielt ich unverändert bei. Eine Reihe Fenster im französischen Stil gingen auf die Wheeler Hall hinaus, dort war die Englisch-Fakultät untergebracht, etwas weiter drüben sah man den Hintereingang der Zentralbibliothek und in der Ferne den unvermittelt zwischen den beiden Gebäuden aufragenden Glockenturm. Wenn ich morgens an meinem Platz saß, fiel kühler Sonnenschein in die aufgeschlagenen Buchseiten, er erschien mir dann besonders leuchtend, und die Zeit glitt, ohne Spuren zu hinterlassen, dahin, was vermutlich auch daran lag, dass ich der Zeit keine Beachtung schenkte. Hob ich den Kopf, so konnte ich die beiden hohen, einander gegenüberliegenden Dachgiebel mit dem Figurenfries über den kleinen Fenstern sehen: furchterregende Gespenster, wohlwollende Geister und ausdruckslose Philosophen. Sie glänzten noch feucht vom Tau der vergangenen Nacht, und frisches Blau und Grün wetteiferten miteinander in diesem kaum beachteten Winkel. Sie standen dort, um böse Mächte abzuweisen und den zahllosen konventionellen Verlockungen des irdischen Lebens Einhalt zu gebieten; auf diese Weise schützten sie Generation um Generation derer, die im Lernen das beste Mittel gegen Borniertheit und Dummheit sahen. Von meinem Platz aus sah ich auch die parallelen Reihen der Teakholzregale, die sich bis zur Nordecke des Lesesaals und die gesamte Westwand entlangzogen – alles gebundene Ausgaben, die mir das Spiel mit meinen eigenen, subjektiven Vorstellungen gestatteten. Mit den Seiten, die vor mir lagen, war ich vollauf zufrieden. Hier erzählte ein Schiffer mit dem Dolch unterm Arm von Seereisen auf seinem Schiff namens »Magdalene« zu allen vier Jahreszeiten zwischen der Ostsee und Karthago. Anschließend ergriff die Äbtissin eines Nonnenklosters das Wort; eine Nonne, die gern auf Französisch prahlte, Lieder sang, Geschmeide trug und Haustiere züchtete – zweifellos eine Verletzung der Ordensregeln. Sie berichtete über die Ursachen und Auswirkungen des Konflikts zwischen Juden und Christen. Danach war Chaucer – dicklich, schüchtern und wortkarg – selbst an der Reihe. Beim Gehen hielt er den Blick stets gesenkt und erzählte seine Geschichte in wirrem Durcheinander, unterbrochen sogar vom Wirt, weshalb es ihm schließlich ratsam erschien, sich auf eine Wallfahrt nach Canterbury zu begeben:

Sobald der Tag zu grauen angefangen,
Erhob sich unser guter Wirth und war
Der Hahn für Alle. – Bald war seine Schaar
Beisammen und dann ging, halb Trab, halb Schritt,
Zur Schwemme von Sanct Thomas unser Ritt.
Dort gab der Wirth den Pferden etwas Ruh'[1]

Wenn ich aufsah, blickte ich auf die vergoldeten Rücken einer vielbändigen Enzyklopädie aus der nördlichen Song-Zeit; gleich rechts vom Ausgang stand der Morohashi, das große chinesisch-japanische Lexikon, und links davon hatten die Indizes und Konkordanzen zu den Klassikern ihren Platz. Still standen sie da, wenn man jedoch den Blick an den Wänden des Lesesaals entlangschweifen ließ, bildeten die festen, standhaften Buchrücken einen undeutlichen Widerschein, der sich in eine uneinnehmbare Festung, eine Art Geisteszustand verwandelte.

Nun geh, begib dich auf die Wallfahrt!

Normalerweise ging ich morgens gleich nach Öffnung der Bibliothek hin und blieb, bis das Bibliothekspersonal Feierabend machte und abschloss. Manchmal hatte ich tagsüber Vorlesungen und nahm meinen Platz erst etwas später ein; es kam sogar vor, dass meine Bücher im Lesesaal übernachteten. Bald merkte ich, wie abhängig ich von diesem gewöhnlichen, ziemlich einsamen Fleckchen geworden war. Da saß ich nun und folgte Seite um Seite den Beugungen von Verben und Substantiven, während ich versuchte, einen Faden zu finden, ihn wenigstens zu erahnen und ihn festzuhalten. Oder ich schlug ein anderes Buch auf, nahm einen Stift zur Hand und versah die Kopie eines klassischen chinesischen Steindrucks mit roten Satzzeichen. Wenn mir ein Fehler unterlaufen war, versuchte ich es erneut, bis sich mir die Gedankenführung des Textes einigermaßen erschloss, aber selbst dann blieben Zweifel. Manchmal blickte ich, wie es mir zur Gewohnheit geworden war, selbstvergessen, aber mit der Gewissheit zum Fenster hinaus, dass dort draußen der Glockenturm stand, das Wahrzeichen des Campus. Ebenso unbewusst war ich mir sicher, den großen und kleinen Zeiger der Uhr hinter dem Schalter des Lesesaals nicht erkennen zu können, egal wie hoch oben sie dort hing und emsig und unablässig tickte. Mein Plätzchen in der Ecke war ein einsamer Ort, von dem aus ich allenfalls Nachschlagewerke, Reimlexika und Indizes im Blick hatte. Nur wenn der würdevoll auf mich herabschauende Glockenturm die Stunde schlug und sein Dong, Dong, Dong durch die Fensterscheiben zu mir hereindrang, wurde ich für kurze Augenblicke von den Kriegsschilderungen eines Xenophon abgelenkt. Draußen fuhr ein Fahrrad vorbei, und auf der Wiese hob ein gelber Hund die Schulter, als wollte er es verfolgen, blieb dann aber doch träge liegen, traumverloren und vom Sonnenlicht beschienen, das wir beide miteinander teilten.

Chrysosthomos und Xenophon, einer vorne, einer hinten, führten zehntausend griechische Soldaten nach dem blutigen Krieg in Armenien zurück, bis sie vom Berg Techs aus endlich das Schwarze Meer sahen und wie ein Mann in den Ruf »thalatta, thalatta!« ausbrachen – das Meer, das Meer! Das war 399 v. Chr. Im selben Jahr wurde Sokrates in Athen vor Gericht gestellt, und Xenophon traf gerade noch rechtzeitig vor Ende der Verhandlung dort ein, während ich spürte, wie der laue, durchsichtige Wind durch die Feigenbäume strich, wie der gelbe Hund aufstand und sich wieder zum Schlafen hinlegte, wie ein Fahrrad vorbeifuhr, und die Glocke die Stunden schlug, um mir die Zeit anzusagen und mich aus meinen endlosen Gedankenschleifen herauszuholen.

Um ein wenig auszuruhen, verließ ich manchmal den Lesesaal und stellte mich auf eine Zigarette in den überdachten Eingangsbereich. Kamen Bekannte vorbei, plauderten wir ein Weilchen oder tauschten Klatsch aus. Einmal sagte jemand zu mir (wer, weiß ich nicht mehr genau, aber es könnte ein Mädchen mit langem Zopf gewesen sein): »Komisch, dass es in dieser Bibliothek keine Aufseher gibt.«

»Wozu brauchen wir Aufseher, wenn die Bibliothekare doch viel tapferer sind, als die es je wären«, erwiderte ich.

»Erstaunlich«, entgegnete sie und paffte heftig in Richtung Fenster.

»Wozu sollten die Aufpasser denn gut sein?«, insistierte ich, worauf sie sagte: »Jemand hat *Arthur Waley* einmal gefragt, welchen Beitrag zur chinesischen Kultur die Mongolen während ihrer 80 Jahre dauernden Besatzung geleistet hätten. Er hielt das für eine ziemlich törichte Frage und erwiderte, dass ihre Funktion eine ähnliche gewesen sei wie die der Wächter vor der British Library. Ihr Beitrag bestand darin, den Pöbel fernzuhalten, damit die Gelehrten drinnen sich auf ihre Lektüre konzentrieren konnten.«

Was sollte das nun wieder heißen? Ich verstand nicht, was sie da redete.

»Hätten die Mongolen nicht den Puffer gebildet, wären die germanischen Vandalen womöglich weiter nach Osten vorgedrungen und hätten die chinesische Kultur zerstört.« Damit drückte sie energisch ihre Zigarette aus, kehrte in den Lesesaal zurück und widmete sich wieder ihrem Buch.

Dieser Dialog, der sich beiläufig ergeben hatte, war bemerkenswert, wenngleich es ihm an Logik mangelte; gerade recht für eine Zigarettenpause. Später habe ich – im selben überdachten Eingangsbereich – einem Freund, der auf der weißen Balustrade saß, die Geschichte von Waley, der British Library und der Logik des Mädchens mit dem langen Zopf erzählt. Er fing sofort an zu spekulieren, wer damals noch im Lesesaal der British Library »in seine Lektüre vertieft« gewesen sei. Mit Sicherheit Darwin und Huxley und andere aus ihrem Kreis, und er meinte, DAS KAPITAL von Karl Marx sei bestimmt eines der langwierigsten und umfangreichsten Forschungsprojekte gewesen, das in der British Library entstanden sei; dazu wiegte mein Freund den eigenen großen Kopf. Dann sprach er von jenen, die um die Mitte des 19. Jahrhunderts in London tiefgründige und luzide Vordenker gewesen waren. Ich fragte ihn, warum diese Gelehrten in ihrer kultivierten Umgebung nicht auf die von der Kartoffelpest ausgelöste katastrophale Hungersnot in Irland reagiert oder sich gegen den unanständigen *Opiumkrieg* gewandt hätten. Lächelnd erwiderte mein Freund, erst gestern sei ihm eine neue Erklärung für den Opiumkrieg untergekommen, ob ich schon davon gehört hätte. »Die Ursache für diesen Krieg war der hohe Teepreis«, erklärte mein Freund. »Er war für die Engländer mit ihrem großen Teekonsum auf die Dauer untragbar geworden, und so verfielen sie auf die Idee, in Indien Opium anzubauen und es an China zu verkaufen. Der damit erzielte Profit deckte die Kosten für den Tee, alles Weitere kann man sich vorstellen.« Er behauptete, diese Erklärung stamme von einem der Geschichtsdozenten, und ob sie logisch oder gar anständig sei, stünde hier nicht zur Debatte. Dann fügte er ernsthaft hinzu: »Aber Waleys Theorie ist noch nicht ausgereizt, überleg mal.« Obgleich unsere Unterhaltung keineswegs zu Ende war, stieß er – die Zigarette ausdrückend – die Tür zur Bibliothek auf und verschwand.

Wenn ich allein sein wollte, verzog ich mich in eine ruhige Ecke des Magazins am Fuß der engen Wendeltreppe oder stieg weiter nach oben. Auch wenn mich dabei Einsamkeit und Lustlosigkeit beschlichen, fühlte ich mich doch niemals leer. Auf dem Treppenabsatz der zweiten Etage zog ich mir einen alten Stuhl heran, griff nach einem der Folianten und las. Auch das war eine Art Erholung von meinen unablässigen Studien klassischer Texte, ihrer Grammatik und Stilmittel, ihrer Entwicklung und ihrem Nachwirken; ich verließ den Kampfplatz mit seinen Wortkaskaden und suchte mir ein menschenleeres Fleckchen im Magazin, wo ich ein Buch las, das nichts mit meinem Forschungsgebiet zu tun hatte. Zum Beispiel das zwölfte Kapitel aus dem KOMMENTAR ZUM GEWÄSSERKLASSIKER des frühen 6. Jahrhunderts: »Der Großes-Pferd-Fluss fließt durch die Präfektur Daijun, durch den Kreis Guangchang und vorbei am Berg Lai, nach Osten zu durchquert er den nördlichen Teil des Kreises Nai, und noch weiter im Osten den nördlichen Teil des Kreises Rongcheng. [Kommentar: In Rongcheng gab es den Dukang-Pavillon. Sun Changzhi erwähnt in seinem Werk ÜBER DIE MALEREI, es existiere eine Landkarte vom Dukang-Gebiet, und berichtet, wie Kronprinz Dan aus dem Staat Yan, einen gewissen Jing Ke mit dieser Karte als Geschenk zum Staat Qin schickte. Der König von Qin aber tötete Jing Ke und unterwarf den Staat Yan.]«

Weitere fünfhundert Jahre später entstand die folgende, mündlich überlieferte Ballade:

Am Ufer des Großes-Pferd-Flusses
das ehemalige Schlachtfeld,
Erde vermischt mit welken Blumen,
darunter eine schwere von Grünspan überzogene Lanze.
Es bleibt nur das Lied der wandernden Dorftrommler
und blinden Sänger,
das uns vom Heldenleben des Liulang berichtet.

Und in dem von Fu Baoshi herausgegebenen Werk BIOGRAPHIEN GROSSER KÜNSTLER DER SPÄTEN MING-DYNASTIE heißt es über Lü Wancun: »Nachdem Meister Lü Mönch geworden war, baute er sich in Wuxing auf dem Berg Dixi ein kleines Haus, das er ›Hütte der Winde und des Regens‹ nannte. Der Bach war kühl und die Klippe steil, von Tausenden Bambusruten umstanden. Dort oben ließ er einen Pavillon errichten und gravierte die ›Inschrift von den bei den Feinheiten‹. Er war einfach gekleidet und wanderte mit einem Stab umher. Er verkehrte ausschließlich mit Gelehrten, die ihn aus verschiedenen Orten besuchen kamen, um mit ihm dort zu lustwandeln.«

Schön formuliert, allerdings war unklar, ob die Passage nicht womöglich aus dem Japanischen rückübersetzt worden war. Doch ich gab mich nicht weiter damit ab. Ich stieg die Treppe hinunter, zurück zu Vergil:

Doch des Äneas Schar, die ermüdete, eilet den nächsten
Strand zu erreichen im Lauf, und zur Libyergrenze
    gelangt sie.
Weit ist zurückgebogen ein Ort, den zum Hafen ein Eiland
Durch vorliegende Seiten erschafft, wo gebrochen
    des Meeres
Woge zerschellt und hinein in die krümmenden Busen sich
spaltet. Links dort drohen und rechts unförmliche Klippen
    und zwiefach
Starrende Felsen empor, woran weit unter den Höhen
Ruht die gesicherte See; auch die Ansicht schaudernder
    Wälder
Ragt, und schwarzes Gehölz hochher mit grauser
    Beschattung.
Grad' entgegen gewandt ist eine gewölbete Felskluft,
Drin süßquellende Flut und Bänk' aus lebendem Felsen;
Nymphen zur Wohnung geweiht. Dort hält die ermüdeten
    Schiffe
Gar kein Tau, noch hemmt sie mit hakigem Bisse
    der Anker.[2]

Das war Karthago, in Libyens tragischem Reich der Dido; so zumindest stellte ich es mir vor, als die Glocke vier Mal schlug. Die sinkende Sonne badete die Leseplätze auf der anderen Seite in ihrem letzten Licht, im Saal war kein Laut zu hören. Um diese Zeit waren nur noch wenige Benutzer da, Gleichgesinnte mit tiefschürfenden Gedanken und geschärftem Urteilsvermögen, die ihre Selbstachtung aus Büchern bezogen, so standhaft und doch so verletzlich. Einer übersetzte die SIEBENSTROPHIGE KLAGE des Wang Can aus dem zweiten Jahrhundert; ein anderer analysierte die ABHANDLUNGEN ÜBER SALZ UND EISEN aus dem ersten vorchristlichen Jahrhundert, ein weiterer sammelte statistische Daten zur Erwähnung von Rachegeistern in den offiziellen Dynastiegeschichten und erörterte Ähnlichkeiten und Unterschiede zwischen Geist und Seele, wieder ein anderer vertiefte sich in die Welt der Fiktion, indem er sich mit Stellenwert und Bedeutung der Metapher vom »Garten der großen Aussicht« im Roman DER TRAUM DER ROTEN KAMMER beschäftigte.

Nur einer saß allein vor Marxens KAPITAL und hatte Probleme, das Buch bis zu Ende zu lesen. Statistische Tabellen und Daten vor Augen, kannte er dies alles vermutlich längst auswendig. Doch wie konnte man die Aufstände und Hungersnöte in Europa ermessen, die menschlichen Schicksale verstehen, der Konjugation der griechischen Verben folgen, wenn man Deutsch oder Griechisch nicht im Original las? Wie konnte man so in das ideologische System von Karl Marx eindringen?

Dann wieder ließ ich das alles sein und nahm mir Zeit für etwas völlig anderes: »Er hatte wieder Hoffnung, alles würde in Ordnung kommen, so wie feuchtes Holz nicht brennt, aber immerhin raucht.« Fang Hongjian, der Protagonist des Romans DIE UMZINGELTE FESTUNG schlief ein, »... traumlos, fühllos, die Urform des menschlichen Schlafes, ein Vorbote des Todes.« Der Schlaf ein Vorbote des Todes? Aber unserem traditionellen Verständnis nach gab es im Schlaf doch immer Träume. Warum existierte hier weder Traum noch Gefühl? Und was war das überhaupt für ein Denkansatz? Sollte mit »Urform des menschlichen Schlafes« der Schlaf eines Säuglings gemeint sein? Doch der Schlaf eines Säuglings taugt nun wirklich nicht zum Vergleich mit dem Tod.

Das beginnende 20. Jahrhundert war eine Zeit, in der trotz bester Absichten wenig erreicht wurde, experimentell und doch ausweichend; obwohl mit Li Jianwu, Liang Zongdai, Dai Wangshu und Qian Zhongshu die besten ihrer Zeit am Werk waren, zeichneten sie sich nur wie Schatten vor dem deutlich tieferen und breiteren Hintergrund Europas ab. Es war die Zeit von James Joyce, Virginia Woolf und T. S. Eliot, bei denen die Disziplin der Formulierung in großem Maßstab ins Fragmentarische gewendet worden war.

Es war wie mit dem nassen Holz, das sich nicht entzündet, sondern nur qualmt – wie konnte man über Hoffnung als etwas Fragmentarisches oder Bruchstückhaftes reden, wo es überhaupt keine Hoffnung gab?

Ich hatte es mir zur Gewohnheit gemacht, das Gebäude durch das Südportal zu verlassen. Trat ich nachmittags auf den Platz hinaus, lag er verlassen da; schräge Baumschatten auf der einen Straßenseite und neben den Bänken noch mehr fette Hunde mit Halsband, die Augen geschlossen. Es gab nur wenige Passanten, die, ganz auf ihr Ziel konzentriert, so taten, als bemerkten sie den Vollbärtigen nicht, der in der Passage – dort, wo die Fahnenstange stand – lustlos die Trommel schlug.

Überquerte man Bancroft Way und ging weiter unter den Markisen entlang, kam man zu dem kleinen Tabakgeschäft. Dort zweigte die schmale Telegraph Avenue ab, die zur Hälfte im Schatten ihrer zwei- bis dreistöckigen Häuser lag – Schatten, die bis zu mir auf den gegenüberliegenden Gehsteig reichten. Ich sah Verkehrsschilder, glänzende Parkuhren und wieder Hunde, dieses Mal stehend oder sitzend, große Werbeplakate innerhalb und außerhalb der Schaufenster, indische und indonesische Götterfiguren mit glimmendem Weihrauch davor. Hier war der Eiscremestand, dort drüben die Bank, deren Türen und Fenster man gerade frisch renoviert hatte, nachdem sie während der Krawalle im vergangenen Jahr zu Bruch gegangen waren – angeblich wegen der finanziellen Verwicklungen der Bank in den Vietnamkrieg. Jetzt gab es seitlich am Bankgebäude nur mehr winzige Schlitze in der roten Mauer, die kaum Licht durchließen und an ein Gefängnis erinnerten.

Als Nächstes kam eine Schuhmacherei, rote Ampel, grüne Ampel, und direkt vor mir das Café, das als Treffpunkt und Versammlungsort diente und in dessen Kühle ich einst während der Sommerferien viel Zeit damit verbracht hatte, Gedichte zu lesen. Viele Jahre später erinnerte mich Guo Sungfen, nachdem ich ihm einen Band meiner Übersetzung von Yeats' ausgewählten Gedichten geschickt hatte, daran, wie ich damals in der Einsamkeit des Cafés saß, »ernsthafter und würdiger als ein Mitglied des Geheimen Kronrats«, schrieb er, und weiter: »Diese Übersetzung war die erste Würdigung eines wertvollen Nachlasses aus unserer gemeinsamen Zeit.« Guo ist nun bereits seit mehr als zwei Jahren tot, und er hat aus unserer gemeinsamen Zeit eine Reihe von Kurzgeschichten hinterlassen.

Überquerte man von meinem Standort aus die Straße, stand man vor Cody's Bookshop. Damals hatte Cody's erst seit Kurzem geöffnet, die Regalbretter und Bücherschränke waren bestückt mit zahllosen neuen Büchern, sorgfältig nach Sachgebieten sortiert; da stand in alphabetischer Reihenfolge der Autorennamen die klassische und moderne Literatur, dazwischen lagen großformatige Drucke, Gedichtsammlungen und Bildbände, Landkarten und Noten; alles hatte seine eigene Nische. Weiter hinten, im matten Glanz des Abendlichts, konnte man die ehrfurchtgebietenden naturwissenschaftlichen Werke ausmachen, Physik, Chemie, Biologie und Technik hatten ebenfalls ihre jeweils eigene Regalwand. Cody's trug noch die schwere Verantwortung des humanistischen Kanons, ließ aber durchaus Schwerpunkte im Sortiment erkennen – jeder fühlte sich unmittelbar von dem angezogen, was er gerne las. Dieser neu eröffnete Laden mit seiner Kühle war das perfekte Ambiente für Bücherliebhaber, die sich schlendernd, immer wieder den Standort wechselnd, dort ergingen, eine sich wandelnde und doch konstante, selbstzufriedene Gemeinde.

Bald hatten die Obdachlosen den Platz davor belagert: A mit seiner wie eine Zigeunerin gekleideten Freundin, B mit der heiseren, verstimmten Gitarre und C, der stets seinen Hund dabei hatte und Seifenblasen in den ewig klaren Himmel pustete, als wäre es das Selbstverständlichste von der Welt.

Den meisten Eindruck machte auf mich der Bereich neben der Treppe, wo unter dem hellen Fenster in halbhohen Regalen die Bände der Loeb Classical Library standen: links die griechischen Klassiker in Apfelgrün, rechts die römischen in Rot. Die Serie dieser stabil gebundenen Taschenbücher von etwa sechshundert Seiten versammelte Autoren in Altgriechisch und Latein, jeweils mit englischer Übersetzung, damit sich die Texte dem Leser leichter erschlossen. Bis heute besitze ich einige Bände davon, beispielsweise die zweibändige Ausgabe der TRAGÖDIEN DES AESCHYLOS oder Pindars ODEN, beide bei Cody's erstanden und stets fürsorglich behandelt. Beim Kundenservice der Buchhandlung konnte man sogar Bücher aus Übersee bestellen, und ich hatte mir Arbeiten zu anglistischen Themen und den Heldenepen des Mittelalters kommen lassen, die es mir ermöglichten, Literatur, Legenden, Geschichte sowie Fragen der Stilistik und Übersetzung unter einem neuen Blickwinkel zu betrachten.

Das lässt mich an die Zeit kurz nach meiner Ankunft in Berkeley zurückdenken: Jedes Mal, wenn ich eine Buchhandlung betrat, stand ich bewundernd vor den gut gedruckten, gebundenen Büchern, bis mir schließlich wegen des hohen Preises Zweifel kamen. Wie Yeats in einem Gedicht das Kind beschreibt, das sich Nase und Gesicht an der Fensterscheibe des Süßigkeitenladens platt drückt, so stand ich mit klopfendem Herzen vor den Regalen. Unempfänglich für die gewöhnlichen Reize dieser Welt fühlte ich mich ermutigt, eines Tages ähnlich prachtvolle Verse wie er zu produzieren.

Ein Kommilitone machte mich darauf aufmerksam, dass wir manche Bücher direkt aus England beziehen könnten, was deutlich preisgünstiger wäre. Die Versandbuchhandlung hieß Blackwell's und sie befand sich in 50, Broad Street, Oxford. Das erste Buch, das ich mir dort bestellte, war eine Studie zum Beowulf sowie eine Werkausgabe von John Keats, die damals die umfassendste war. Der Band war in blaues Leder gebunden, hatte eine Goldprägung und mitten auf dem orangeroten Schutzumschlag prangte eine altgriechische Urne, die das berühmte Gedicht illustrieren sollte:

O Attische! Form schöner Art! im Bund
Mit Männern, Mädchen marmorn überdeckt,
Mit festgetretnem Laubgezweig im Rund;
Du Stille, die uns aus dem Denken schreckt
Wie Ewigkeit: Du kaltes Hirtenspiel![3]

Später bestellte ich dann mehrere Jahre hintereinander regelmäßig Bücher per Post bei Blackwell's, darunter altenglische Klassiker oder Bände aus der gerade begonnenen zwölfbändigen Reihe THE OXFORD HISTORY OF ENGLISH LITERATURE. Selbst heute sind diese Bücher noch vollkommen intakt, was nicht zuletzt daran liegen mag, dass sie so sorgsam verpackt wurden, bevor sie ihre Reise über den Ozean antraten.

Cody's war eine helle, von herrlichem Duft durchwehte Buchhandlung mit einem kleinen, quadratischen Platz davor. Wenn ich ihn tagsüber durchschritt, schien er stets in kühles Sonnenlicht getaucht.

Knapp hundert Schritte weiter südlich von Cody's lag Moe's, ein schlauchartiger Laden vollgestopft mit antiquarischen Büchern. Gleich neben dem Eingang begannen die Bücherwände, und die parallel stehenden Regale reichten bis nach hinten und hinauf bis unter die Decke, dazwischen war nur ein schmaler Weg frei geblieben, von dem man nicht genau wusste, wohin er führte. Nach mehrmaligem Besuch kam ich zu dem Schluss, dass hier keine systematische Ordnung herrschte, vielmehr sah man während der Geschäftszeiten immer wieder Leute mit einem oder mehreren Bücherkartons hereinkommen, die sie zum Verkauf anboten; waren die Verhandlungen abgeschlossen, so suchte Mr. Moe irgendwo ein leeres Plätzchen, wo er die Neuzugänge hastig stapelte, während andere ihre Einkäufe bezahlten, sodass ein ewiges Herein und Hinaus entstand, eine Ordnung in der Unordnung.

Es hieß, dass Moe's normalerweise etwa 200.000 Bände auf Lager hielt – die alten Zeitschriften, unter denen sich seltene Ausgaben befanden, nicht mitgerechnet. Das bedeutete allerdings auch, dass der Inhaber durchaus gewisse Auswahlkriterien hatte; vielleicht liebte er den Charme des Zufälligen und Absichtslosen – ein Einsiedler, der sich im Geschäftsleben verbarg. Mr. Moe hatte selbst noch die Anfänge der Beatnik-Bewegung in San Francisco und Umgebung miterlebt, seinem Antiquariat mangelte es jedoch auch nicht an Verbindungen zur gegenwärtigen Literaturszene. Wie ich hörte, erstreckte sich der Laden über vier Stockwerke, ich selbst aber war nie weiter als in den ersten Stock vorgedrungen, bis ganz nach oben war ich nie gekommen.

Gegenüber von Moe's lag »Shakespeare & Company«, ebenfalls ein Antiquariat. Obgleich beide Geschäfte sich mit dem An- und Verkauf alter Bücher befassten, wirkte letzteres sehr viel ordentlicher. Die Bücher waren nach Sachgruppen sortiert, und innerhalb der Literaturabteilung standen sie in alphabetischer Reihenfolge der Autorennamen; wahrscheinlich war es in den anderen Sachgebieten ebenso. Das ursprüngliche »Shakespeare & Company« war eine Buchhandlung und Leihbücherei für englischsprachige Bücher am Rive Gauche in Paris gewesen, zugleich aber auch Versammlungsort für englische, amerikanische und irische Schriftsteller; Gertrude Stein, Ernest Hemingway, F. Scott Fitzgerald und James Joyce verkehrten dort. Die Buchhandlung verachtete die Regierung ebenso wie die Kirche, und ihre Inhaberin, Silvia Beach, hatte den ULYSSES erstmals herausgebracht. In den frühen 1940er Jahren unter der deutschen Okkupation war der Laden auf eine Zwangsverordnung hin geschlossen worden, weil Silvia Beach sich geweigert hatte, einem nationalsozialistischen Besatzungsoffizier den letzten Band von FINNEGAN'S WAKE zu verkaufen. Nach dem Krieg war das Geschäft zwar an anderer Stelle wiedereröffnet worden, hatte aber nicht mehr das alte Gesicht. Vermutlich hatte man aus Nostalgie für das Pariser Antiquariat einen Laden gleichen Namens in Berkeley eröffnet, der die Sehnsucht an die alten Zeiten wachhielt.

Konnte ich mich während jener Zeit einmal aus der Bibliothek losreißen, so verbrachte ich ruhige Nachmittage in diesen Geschäften für alte und neue Bücher. Solche spontanen und absichtslosen Unterbrechungen erschienen mir wie eine Belohnung; die Zeit verging dort besonders langsam und verflog doch viel zu rasch.

Blätternd und lesend schweifte ich durch die unbegrenzte Welt der Einbildung und das weite Feld des Wissenswerten. Schwer zu sagen, ob es sich um die Hingabe des Frommen oder die Leidenschaft des Süchtigen handelte, wenn ich mit verschlossenen Ohren und heißen Augen dem Text folgte. Aber ich hörte natürlich trotzdem: Die Tauben, die mit den Flügeln gegen den Dachvorsprung stießen und dann wieder hinunterflogen, um auf dem Gehsteig Futter aufzupicken; das helle Klingeln der Fahrradglocken, das sich gleich darauf im Gewirr der Gassen verlor. Alles war in den Büchern und zugleich außerhalb der Bücher. Von draußen drangen Geräusche herein, ein plötzliches Heulen, Lachen oder Geschrei, das wie eine Verletzung die kühle Luft durchschnitt, doch kaum verstummt, war die unermessliche Stille wiederhergestellt.

So verlief der Alltag in der Telegraph Avenue. Sich genau an all das Bewegliche und Starre zu erinnern, das ihn ausmachte, ist unmöglich, denn es war zu einer kontinuierlichen, nicht zu deutenden Ewigkeit zusammengewachsen, die nicht allein von lebendiger Substanz oder wissenschaftlichen Verknüpfungen bestimmt wurde, sondern auch der eigenen Vorstellungskraft ihre Richtung gab, eine intuitive Erkenntnis, die sich vertiefen und weiterentwickeln ließ. Hier hatte ich viele meiner Bücher gekauft: von Dantes GÖTTLICHER KOMÖDIE (übersetzt von Lawrence G. White und illustriert von Gustave Doré) bis zu T. S. Eliot's SACRED WOOD. ESSAYS ON POETRY AND CRITICISM. Als ich viele Jahre später meine Bücherregale durchsah, konnte ich bei nahezu jedem Band sagen, woher er stammte. Über diese fast ein wenig unglaubliche Tatsache musste ich unwillkürlich lächeln. Dabei fiel mir auch ein Buch von Arthur Waley in die Hände, THE NINE SONGS: A STUDY OF SHAMANISM IN ANCIENT CHINA, das um die Mitte der 1950er Jahre erschienen war. Auf dem Vorsatz klebte ein kleiner gelbgrüner Zettel mit der Aufschrift: Shambhala – Buchhandlung und Verlag. Dieses Geschäft befand sich ebenfalls auf der Telegraph Avenue, und zwar, wie die Hausnummer nahelegte, nicht weit von Cody's entfernt. Das stimulierte die Sinnesorgane meiner Erinnerung wie ein fragmentarischer Traum am fernen frühen Morgen: Man erinnert sich und hat ihn doch schon vergessen. Es stellte sich undeutlich das Bild jener Straße ein, saubere Schaufensterscheiben, eine vergitterte, weiß lackierte Ladentür, aus der einem, sobald man sie aufstieß, ein unverwechselbarer Dunst entgegenwehte; Statuen schimmerten matt, es gab von Hand Gehäkeltes, Glöckchen, Halsketten, Armbänder und Ringe, aber auch ein Regal mit Büchern über Schamanismus und Opferrituale.

Wenn es auf 16 Uhr zuging, herrschte im Lesesaal von Durant Hall eine eigenartige Stimmung; für uns war dies die sensibelste Zeit des Tages, unsere Antennen waren gerade dann besonders aufnahmebereit; entspannt tasteten sie forschend in alle Richtungen und gerieten dabei auch gelegentlich auf Abwege, wider Willen wurden sie von Luft umzingelt, verschnürt und an irgendeinen unerklärlichen Ort verbracht. Natürlich galt unsere ganze Aufmerksamkeit den Büchern, ihren Merkmalen, ihrer Form und Struktur und ihren Verbindungen untereinander, die uns nicht selten schlaflose Nächte bereiteten. Willig und wissbegierig folgten wir ihnen, wenngleich zwischendurch auch eine gewisse Unruhe aufkam, so als nagten geheime Sorgen an uns. Denn es lag noch etwas anderes in der Luft – etwas ganz Reales. In unserer warmen Ecke sitzend, versuchten wir, dem sich verlierenden Selbst Halt zu geben: Vergiss nicht, vergiss nicht, warum du hier bist; stilles Einverständnis, Geist, Sehnsucht, Opferbereitschaft. Die Sonne schickte von Westen ihr letztes Licht über die Bucht von San Francisco, zögerte aber noch, bevor sie endgültig im Meer versank, und beschien liebevoll Abertausende hüpfender kleiner Wellen, die ihr funkelndes Licht begierig aufsogen. Dem Herbstwind und den Dämmerwolken trotzend ließ sie die Temperatur ein letztes Mal ansteigen und schien durch die hohen Fenster bis zu mir herein.

Ich stand auf, trat an eines der Westfenster und griff mir ein Buch aus dem Regal, um darin zu blättern und noch mehr von der Sonne zu genießen. Ich hatte nämlich bemerkt, dass man in solchen wärmenden Momenten entgrenzter Sinnlichkeit sich selbst besonders nahekam und alle Zweifel hinter sich lassen konnte. Ich nahm einen der dicken Bände zur Hand, mal war es DAS BESTIMMUNGS-BUCH DER HÖHEREN PFLANZEN CHINAS, dann wieder das KOMPENDIUM DER MATERIA MEDICA, der chinesische Medizinklassiker aus dem 16. Jahrhundert, doch ich stellte sie wieder zurück, ohne etwas von dem Gelesenen in mich aufgenommen zu haben; ich lehnte einfach am Fenster, ließ mich von der Sonne bescheinen und wusste genau, wo ich mich in diesem Moment befand. Weder das Gefühl wahrer Zugehörigkeit noch mein gesamter Besitz konnten sich gegen das sezierende Messer einer solchen Abenddämmerung behaupten und wurden von ihm zerstückelt; Körper und Geist, die sich in unruhigen Zeiten mit so unpassenden Dingen wie Moose, Farne, Nackt- oder Bedeckt-samer beschäftigten. Dann ging ich weiter zum Regal mit den neuen Zeitschriften und blätterte im GEISTESWISSEN-SCHAFTLICHEN JOURNAL DER UNIVERSITÄT KYOTO, dessen Themen mich allesamt ansprachen. Hier ging es um die klassischen Dichter Zhang Heng, Cao Zijian und Xie Xuan-hui; ihre Namen sprangen mir aus den komplizierten Ne-bensätzen und Phrasen entgegen. Ich legte das Heft beisei-te und nahm ein Exemplar der zweisprachigen THE TAI-WAN YOUTH zur Hand, die in Japanisch und Chinesisch erschien; ein dünnes Heft, schlicht und sauber wie ein Gedichtband, in dem es um die Unabhängigkeit Taiwans ging. Ich lernte damals gerade Japanisch, war aber – auch wenn ich es mir anders gewünscht hätte – noch nicht weit genug, um einem japanischen Artikel über diese Debatte folgen zu können. Um die Grammatik zu durchschauen und die Redewendungen zu verstehen, würde ich noch sehr viel mehr Zeit und Mühe auf mein Sprachstudium verwenden müssen.

Inzwischen sank die Sonne immer weiter, ihre Strahlen näherten sich bereits dem grünglasierten Dach im zweiten Stock von Dwinelle Hall und warfen dunkelgelbes Licht auf das Zeitschriftenregal. Verglichen mit der revolutionären Bewegung waren Untersuchungen zu Wortkunde und Klas-sikerexegese in etwa so sinnlos wie der Staub im Sonnen-schatten.

Oft hatte ich lange in der Kühle des Cafés gesessen, in die irische Literatur vertieft, und war anschließend durch eine der Querstraßen spaziert, wo ich gelangweilt die neu-en, in China gedruckten Propagandaschriften durchblätter-te. Es waren genau die gleichen dünnen Hefte, diesmal aber mit vereinfachten Schriftzeichen, und auf dem wei-ßen Umschlag prangten die Überschriften in grellem Rot, mit Fahnen oder dem Profil des Großen Führers dekoriert. An dem zum Gehsteig gelegenen Fenster klebten farbige Poster eines energiegeladenen, erregten Che Guevara. Ich musste unbedingt besser Japanisch lernen.

Gegen 17 Uhr begannen die Bibliothekare, ihre Schalter zu räumen und all die runden Stempel in die Schublade zu packen, damit ja nichts durcheinandergeriet. Mit uns Benutzern war abgesprochen, dass wir die Karteikarten eine Viertelstunde vor Bibliotheksschluss nicht mehr einsehen konnten. Diese Karteikarten galten ihnen als Fundament und Symbol, sie waren praktischer Ausdruck ihrer bibliothekarischen Disziplin. Einmal hatten sich die Studenten gegen die Präsenz der von der Universitätsverwaltung aus Oakland angeforderten Ordnungskräfte auf dem Campus aufgelehnt und einen Protestmarsch organisiert. Als der Demonstrationszug dann an der Zentralbibliothek vorbeikam, stürmten einige der Protestierenden in die helle, saubere, wie aus Jade erbaute Halle und drohten damit, die Tausenden und Abertausenden von Karteikarten aus ihren Schubladen zu schütten und zu vernichten. Als das Bibliothekspersonal, das in den verschiedenen Abteilungen in die Arbeit vertieft war, davon erfuhr, kamen sie aus sämtlichen Räumen und Gängen angerannt und stellten sich, ohne es zuvor abgesprochen zu haben, Hand in Hand um die etwa dreißig Meter langen Karteischränke und bildeten so einen mehrfach gestaffelten Verteidigungsring. Auf keinen Fall würden sie zulassen, dass die protestierenden Studenten ihre Drohung wahrmachten. Beide Seiten blieben unnachgiebig, und schließlich endete das Ganze in einer Debatte über sozialistische Ideologie. Die protestierenden Studenten rieten den Bibliothekaren, sich doch zu ergeben; es lohne sich nicht, die persönliche Unversehrtheit wegen ein paar Karteikarten aufs Spiel zu setzen, denn sie seien nicht dazu verpflichtet, die Aufgaben des Wachpersonals zu übernehmen und damit die Freiheit anderer einzuschränken. Die Bibliothekare hingegen meinten, dass der Schutz der Karteikarten, auch wenn er nicht in ihren Arbeitsverträgen vermerkt war, für sie eine Frage von Arbeitsmoral und Gerechtigkeitssinn sei; sie würden keinesfalls tatenlos zusehen, wie diese Karteikarten zerstört würden. Schließlich verlief die Aktion im Sande, sie verlor ihr Ziel aus dem Auge und wurde von abstrakten Gedanken verdrängt, ganz so wie es im HAMLET heißt:

Der angebornen Farbe der Entschließung
Wird des Gedankens Blässe angekränkelt,
Und Unternehmungen von Mark und Nachdruck,
Durch diese Rücksicht aus der Bahn gelenkt,
Verlieren so der Handlung Namen.[4]

Dennoch ist diese Aktion lange in meinem Gedächtnis haften geblieben und bestärkte mich auch später in der Überzeugung, dass die Bibliothek kein Aufsichtspersonal brauche, wo die Bibliothekare doch um ein Vielfaches tapferer waren. In diesem Sinne hatte ich auch dem Mädchen mit dem langen Zopf geantwortet, das sich darüber wunderte, warum es hier keine Aufsicht gebe.

Wenn es etwas an dieser Bibliothek auszusetzen gab, so war es die Tatsache, dass sie täglich pünktlich schloss und an Wochenenden überhaupt nicht geöffnet war. Heimatlos geworden suchte ich mir dann eine Ecke in der Zentralbibliothek, wo ich weiter in den Heldenepen las. Mit Hilfe der komplexen Fußnoten und Interpretationen trennte ich jeden Satz Wort für Wort auf und nähte ihn danach wieder zusammen. Ich zog mich in den vollkommen lautlosen Seitenflügel zurück, der den Lesesaal der Klassischen

Philologie beherbergte. Hier, zwischen der altgriechischen und der römischen Literatur, war es noch ruhiger als im Ostasiatischen Lesesaal; ich saß allein zwischen einigen asketischen Fremden und schlug in den Lexika nach. Mit einem Seufzen nahm ich die herannahende Dämmerung wahr und beobachtete durch die runden Öffnungen der fein geschnittenen Fenster und Türen, wie sich die Nacht über dem Himmel ausbreitete. Vereinzelt blitzten Lichter auf, vielleicht waren es Sterne. In diesem Moment trat unweigerlich ein Bibliothekar oder eine Bibliothekarin leise an unseren Tisch und flüsterte den in ihre Texte Vertieften mit melancholischem Ernst zu: Es ist Zeit. Ich schlug meinen Band mit den Gedichten der Sappho zu:

Wie schön der Apfel,
So rot und reif
ganz oben im Baum
im höchsten Geäst!
Hat keiner ihn geholt?
Von den Pflückern vergessen?
...
So wie die Hyazinthe in den Bergen Hirten
Mit den Füßen zertreten, am Boden aber die purpurne
Blüte ...

So wurde der Band mit den Fragmenten der klassischen Dichterin nach einem festen Tagesplan, der sich meinem Einfluss entzog, geöffnet und wieder geschlossen und weniger vom Vergehen der Zeit bestimmt, wenngleich auch das meinem Einfluss entzogen war. Oft ging ich dann ein paar Türen weiter bis zum Ende des Gangs, wo die vierundzwanzig Stunden geöffnete Sondersammlung der Geisteswissenschaften für Doktoranden lag. Zwischen den fortlaufenden Regalen suchte ich mir einen Platz im Bereich der Literatur und Philosophie und widmete mich weiter Seite um Seite diesen unvollendeten Texten.

Manchmal stieg ich die enge Treppe ganz hinunter und suchte im grellen Neonlicht nach alten Nummern einer Fachzeitschrift über das Mittelalter, die ich oben im Katalog entdeckt hatte; ein kaum geläufiger Titel, eine ausführliche Einleitung, undurchschaubare Tabellen und Statistiken, wenig überzeugende Theorien, erläuternde Nachbemerkungen und fragwürdige Gesichtspunkte. Mit einem Mal entdeckte ich eine Spinne, die an ihrem Faden von der Decke hing, aber offenbar noch nicht dazugekommen war, ihr Netz zu weben. Plötzlich stürzte sie ab und mühte sich, wieder nach oben zu klettern, ein Unterfangen, das in dem starken Licht und vor dem Hintergrund der weißen Wand unzählige Gefahren barg. Ich klemmte mir den Band SPECULUM. JOURNAL OF MEDIEVAL STUDIES unter den Arm und blickte ihr nach. Wenn ich sie nicht an ihrem energischen Vorwärtskommen hinderte und sie nicht verletzte, würde die Spinne diese gefährliche Situation zweifellos meistern und schließlich bis ganz nach oben klettern. In diesem Magazin mit seinen Abertausenden von Bänden würde sie ihren Platz finden und das versprochene Netz in all seiner klaren Symmetrie und ausgewogenen Vollkommenheit zu Ende bringen.

Aber eigentlich ging das nicht.

Wie konnte ich eine Spinne in einem Büchermagazin ihr Netz bauen lassen, ohne zu intervenieren, selbst wenn in absehbarer Zukunft ein vollkommenes Netz entstehen würde? »Es ist nichts zu befürchten, aber man macht sich trotzdem Gedanken«, heißt es im BUCH DER LIEDER. Wie konnte ich andererseits die maßlose Grausamkeit besitzen, zunächst aufmerksam zu beobachten, wie sie mühevoll die

Herausforderungen zur ersten Stufe der Vollkommenheit überwand, nur um sie und ihr Kunstwerk schließlich mit einem Schlag zu vernichten? Bald würde der Herbst kommen, und dann, so wusste es schon das BUCH DER LIEDER, »streben Insekten und Würmer in die Behausungen, und Spinnen hängen am Fenster«. All diese kleinen Insekten retteten sich in die Wärme und »im Oktober haust die Grille unter meinem Bett«. Diese Spinne jedoch hatte sich ins falsche Loch geflüchtet, sie war auf der tiefsten Ebene der geisteswissenschaftlichen Sondersammlung gelandet, zwischen Regalen und kühlen, muffigen Bücherwänden. Hier hatte sie keinen Gefährten, außer dem Silberfischchen und mir.

2007

1 Geoffrey Chaucer: Die Canterbury Erzählungen, übers. v. Adolf v. Düring. Straßburg 1886

2 Vergils Äneide, übertragen v. Johann Heinrich Voss. Leipzig 1875, Buch 1, Vers 157-169

3 John Keats: Ode auf eine griechische Urne, dt. v. Mirko Bonné. http://gutenberg.spiegel.de/buch/4555/12

4 William Shakespeare: Hamlet, 3,1, nach Schlegel/Tieck. Berlin 1826

Norden

北
方

*Für
meinen
Lehrer
Chen Shixiang
anlässlich
seines zehnten
Todestags*

Erschöpfte Erde

In den vergangenen zehn Jahren bin ich zweimal nach Berkeley in den Schatten der Kiefern zurückgekehrt. Die Quelle murmelte leise, an ihrem kühlen Rand wuchsen Engelwurz und duftende Orchideen, und ich dachte an unsere gemeinsame Zeit zurück, die Lichtjahre entfernt schien. Alles daran war der Erinnerung wert, und doch könnte es ebenso gut dem Vergessen anheimfallen.

Den Ort Ihrer letzten Ruhe hatten Sie sich wohl noch zu Lebzeiten ausgesucht. Nur einen Bogenschuss entfernt ruht ein alter Freund und leistet Ihnen im Schatten der Bäume Gesellschaft. Zehn Jahre nun schon. Ich habe inzwischen auch die Stätten Ihrer Kindheit besucht; die Gegend zwischen dem Gelben Fluss und der Großen Mauer. Die Ebene bot dem Auge nur die unendliche Weite der Sandstürme. Zunächst konnte ich nicht glauben, dass dies Ihre alte Heimat ist, doch der Dialekt und die Gesichtszüge, die mich dort umgaben, ähnelten den Ihren. Und schließlich ließ ich mich überzeugen: Es konnte kein Irrtum sein.

Eisige Kälte schnitt mir in Mark und Bein. Es war der letzte Hauch eines nicht scheiden wollenden Winters im Nordland. Im Halbschlaf spürte ich, wie das Auto auf der schnurgeraden Straße dahinjagte. Mir fiel auf, dass die jungen Bäume, die die Straße säumten, rings um den Stamm eingekerbt waren. Die jungen Reiser hatten sich schwer getan, und ihr Wuchs war einheitlich ausgerichtet.

Zehn Jahre vor Ihrem Tod hatten Sie eine bestimmte Art von Literatur streng kritisiert; eine Literatur, die sich politischen Idealen dienstbar macht. Sie hatten sie mit dem Begriff »Vielfalt der Einförmigkeit« charakterisiert. Die gequälten Alleebäume schlugen zwar kräftig aus, wirkten jedoch wie in Uniformen gesteckt, einem Marschbefehl folgend. Zwanzig Jahre später sah ich sie vom Wagenfenster zurückweichen, als würden sie abtreten; ein jeder trug seine Kerbe wie ein Wundmal.

Um Mitternacht raste der Wagen durch menschenleere Ortschaften. Von der Oststadt durch die frostig verlassene Hauptstraße und zur Weststadt wieder hinaus. Auf uralter Straße hallte das Knarren eines Eselskarrens. Düstere Funzeln, finstere Häuser. War es hier, wo Sie Ihre Kindheit verbrachten? Mit dem ewigen Wechsel der Straßennamen ist nicht mehr Schritt zu halten, und manche der Schriftzeichen sind für mich bis zur Unkenntlichkeit vereinfacht. Selbst Ihre Seele, sollte sie jemals hierher zurückkehren, würde sich wohl hoffnungslos verlaufen. Aber dies musste Ihre Heimat sein: Hier haben Sie entschlossen Ihre Kräfte gesammelt, hier haben Sie sich müßig vergnügt. Hier haben Sie westliche Klassiker gelesen und den Existenzialismus kennengelernt. Und hier haben Sie übersetzt: die chinesische Lyrik der Avantgarde, Volksballaden und das Drama DER PFIRSICHBLÜTENFÄCHER aus dem 17. Jahrhundert.

Am nächsten Tag stand ich früh auf. Ich zog die Vorhänge zurück und sah auf einer Straße in der Ferne Menschen beim militärischen Training. Triste Häuserblocks reihten sich hinter den frühlingszarten Blättchen junger Bäume. Sonne überflutete den Vorplatz. Doch kaum aus der Tür, traf mich die eisige Luft. März im Nordland. Trotz der allgegenwärtigen Menschenstimmen wirkte die Gegend endlos und verlassen. Immer wieder fragte ich mich, wie Sie an meiner statt nach dreißig oder eher vierzig Jahren in Amerika in die geliebte und doch nie erwähnte Heimat zurückgekehrt, diese Kälte und Verlassenheit empfunden hätten. Natürlich wäre Ihr Eindruck viel intensiver und wahrhaftiger. In mir ließ diese Ödnis nur schmerzliche Fremdheit zurück. Für Sie jedoch bedeutete der Norden die Kindheit und Jugend, er speiste Ihre Gedichte und Träume. Und doch haben Sie in den fünf Jahren, in denen ich Ihr Schüler war, in kühler Zurückhaltung nie von ihm gesprochen.

Aber auch ohne dass Sie davon sprachen, sagten mir Ihr Dialekt und Ihre Züge, dass Ihre Träume oft in dieses Stück Land nördlich des Gelben Flusses und südlich der Großen Mauer zurückgekehrt sind. Das jedenfalls waren meine eigenen jugendlichen Gedanken. Und nun stand ich selbst auf einem Zipfel dieses Landes, schaute mich nach allen Seiten um, lauschte und hatte unverhofft begriffen: All dies ist Wirklichkeit und Imagination zugleich, Rauchschwaden der Geschichte und ein Aufseufzen der Empfindung. Kein Wunder, dass Sie in Ihren späteren Jahren an diesem Dialekt und Ausdruck festhielten, auch wenn Sie es nicht ertrugen, darüber zu sprechen.

Wir verließen die Stadt auf der Landstraße Richtung Haiding. Immer wieder jagte der Sandsturm in Böen heran, doch die Fußgänger, anstatt sich eilig in Sicherheit zu bringen, verlangsamten eher noch den Schritt. Auch die Esels- und Pferdekarren änderten ihr Tempo nicht – ewig der gleiche träge Trott. Zwischen Qinghe und Changping erblickte ich zum ersten Mal das gelbe Ackerland. Den weiten, ausgedörrten Feldern schien jede Fruchtbarkeit ausgepresst. Dies ist erschöpfte Erde. Über Jahrtausende lag sie hingebreitet, ließ sich von jeglichem Ackergerät eggen und jäten und nährte schweigend viele, viele Menschen. Kanäle und Bewässerungsgräben durchzogen die Felder, ihr schmutziggelbes Wasser stand reglos. Bauern waren in Reih und Glied angetreten und begannen mit der Frühjahrsbestellung. Aus der Ferne wirkten sie wie eine statische Gruppe. »Tausende bebauen zu zweit das Land.« Ich hatte mir bei dieser Zeile aus dem *BUCH DER LIEDER* immer eine belebte Szene vorgestellt, kein Standbild. Selbst die Gehöfte trugen die Einheitsfarbe. Über manchen Kaminen bemerkte ich Rauchschwaden, doch kaum über den Dachfirst gelangt, lösten sie sich auf. Das einzig Lebendige in diesem Bild war ein Zug, der sich am Horizont Richtung Zhangjiakou schlängelte. Wir fuhren parallel zu ihm nach Nordwesten.

Ich weiß, dass das Grab Ihrer Vorfahren im Südosten der Ortschaft liegt, aber das Land, so vermutete ich, würde dort nicht viel anders aussehen als hier. Der Winter neigte sich dem Ende zu. Obwohl es bereits Mitte März war, versuchte ich vergeblich, der gelbbraunen Erde die Botschaft des Frühlings abzulauschen. Alles, was ich spürte, war Eintönigkeit und Trägheit. Es war, als wollte diese fremde Welt mit ihrer unerschütterlichen Bedächtigkeit meine Gefühle, die sich sonst selten erregen, verspotten. Nun aber wurden sie von der Landschaft Ihrer Kindheit angerührt, und nicht zuletzt auch von Ihnen.

Vielleicht verstehe ich jetzt besser, weshalb Sie nicht über Ihre Heimat sprechen wollten. Manche Erinnerungen sind einfach zu weit weg. Möglicherweise waren sie durch die Anstrengungen eines bewegten Lebens allmählich verblasst. Die schmalen Gassen und die Gärten, die glasierten Ziegel und alten Bäume: Vielleicht hatten Sie ja längst geahnt, dass sie nicht mehr existieren, und nicht gewagt, sie zurückzurufen. Vielleicht hatte sich das alles als Sorgen und Kümmernisse in Ihnen abgelagert, war zu Geschichte geworden. Denn längst war Ihnen klar, dass es vergebens ist, gefühlvoll zu sein. Man kann sich sein Karma nicht aussuchen. Tief in Gedanken passierte ich Nankou und den Juyong-Pass. Mit jedem Höhenmeter wurde ich ruhiger. Was so lange nur in meiner Vorstellung existiert hatte, wurde nun Wirklichkeit. Realität und Imagination traten so nahe zusammen, dass kein Platz mehr für starke Empfindungen und große Gefühle blieb. Ich habe auf dem Kamm der Großen Mauer den vielbeschworenen Unterschied zwischen drinnen und draußen nicht empfinden können. Wie ein schwerfälliger, stumpfer Stein fühlte ich mich am Fuß eines Signalturms im hellgrünen Unkraut begraben.

Sie hatten mir die Gedichte *Du Fus* nahegebracht, um mein literarisches Gespür zu wecken. Wenn Sie mich nun so sähen – auf der Großen Mauer und doch unfähig zu dichten; im Angesicht der gewaltigen Ruine, aber ohne einen Vers im Herzen –, Sie wären erstaunt und enttäuscht von Ihrem Schüler.

Doch Schwerfälligkeit und Stumpfheit waren nur eine kurze Verkrampfung. Meine Gedanken oszillierten zwischen Nichtigkeit und Wahrheit, Vergangenheit und Zukunft, Augenblick und Ewigkeit, Sein und Nichtsein. Wie Pfeile oder wie Regen im Wind peitschten sie abwechselnd mein übervolles, bedrängtes Herz und brachten mich wieder zu mir selbst; sie stießen mich auf Fragen der Geschichte, Kultur, Moral und Zivilcourage. Genau jene Fragen, über die wir uns in Berkeley so manchen Abend bei einem Glas Wein unterhalten hatten. Gelassen sprachen Sie mit der vertrauten, anrührenden Stimme, mit dem ungekünstelten Tonfall des Pekinger Bezirks jenseits des Osttors. Sie führten die Taten der Alten und die Gedanken westlicher Philosophen an, um einen wissbegierigen, hochmütigen jungen Taiwaner zu belehren. Und Sie brachten mir die Gedichte Du Fus nahe. Wie konnte nach all dem mein literarisches Gespür so beharrlich schweigen? Auf dem Kamm der Großen Mauer und kein Gedicht! Doch wie hätte ich einem der Systeme mein Vertrauen schenken können? Lieber wollte ich mir nach Kräften ein unabhängiges, kritisches Urteilsvermögen bewahren. Im Anblick dieser mächtigen Ruine fing mein Herz erst recht zu bluten an. Geschichte und Kultur sind von vielen aus meiner Generation verteufelt worden. Wie konnten die Menschen da noch Mut aus moralischer Standfestigkeit schöpfen? Wissen und Moral sind kraftlos und zerbrechlich in diesen falschen, unredlichen Zeiten.

Schwermut beim Erreichen des Passes

Auf der Höhe der Gebirgskette windet sich die Große Mauer nach Osten und Westen. Mit dem Wind raunten mir die Geister der Geschichte ihre Klage zu. Sie hatten etwas auf dem Herzen, das ich aber nicht gleich verstand. Meine Schritte, langsam und schwerfällig, hielten schließlich auf einem der Signaltürme inne. Als Du Fu durch die Stadt Longban kam, hatten sich alle seine Hoffnungen zerschlagen. Während ich dort oben stand und mutmaßte, worüber die Geister der Geschichte wohl Klage führten, wurde mir ihr Anliegen allmählich klar. Natürlich steckt in mir nicht die Stärke des Nordens, aber dort oben auf dem Turm konnte auch ich die unermessliche Schwermut beim Erreichen des Passes spüren.

Ich schaute mir die Leute an. Sie hatten etwas, über das die Städter nicht verfügen. Ich lauschte ihrer Sprache und forschte in ihren Gesichtern. Es war noch ein Rest jenes Edelmuts zu spüren, den die Legende den Nordländern aus *Yan* und *Zhao* zuschreibt. Gekleidet wie alle anderen, musste gleichwohl etwas Besonderes in ihnen stecken. Ich war entschlossen, bei ihnen starke Gefühlsregungen wiederzufinden, eine Sprache, die Trauer und Freude zum Ausdruck bringt. Ich begegnete einem Mann mittleren Alters, der vor einem der Tore ein Tischchen aufgebaut hatte. Dort lagen allerlei kleine Antiquitäten ausgebreitet: Münzen aus dem vorigen Jahrhundert, Räuchergefäße, Täschchen aus Brokat, Schnupftabaksdosen. Enthusiastisch versuchte er, mir eine Wasserpfeife zu verkaufen:»*Kore wa, mizutobako* ...« Im Scherz redete er mich als japanischen Touristen an. Unter einer Steintreppe bot jemand Sonnenblumenkerne feil. Während er selbst ununterbrochen Kerne in den Mund wandern ließ und sie knackte, behielt er die Touristen im Auge. Wer sich nach dem Preis erkundigte, wurde sofort in eine respektvolle Unterhaltung verwickelt, und doch war es bloß ein Geschäft, das hier abgewickelt wurde.

Nicht weit davon saß ein Alter mit schwarzer Wollmütze. Zu seinen Füßen lag ein Fuchspelz, der noch frische Blutspuren aufwies. Vermutlich hatte er ihn erst gestern erlegt. Er musterte mich schweigend. Und ich sah ein junges Pärchen, das sich zankte. Sie begann zu weinen und hielt das tränennasse Gesicht in den Wind, während er ungeduldig auf- und abspazierte. Schließlich sagte er in starkem Henan-Dialekt:»Na komm schon, machen wir ein Foto vor dem Kamel.«

Die Menschen des Nordens haben ein großzügiges und schlichtes Wesen. In ihren dunklen, von Sonne und Wind gegerbten Gesichtern spiegeln sich Ausdauer und Zähigkeit. Sie wirken weder hochfahrend noch unterwürfig, und ihre Bewegungen sind langsam, elegant und ohne Hast.

Dies alles war Ihnen zutiefst vertraut. Waren die Menschen hier immer schon so? Manchmal bekommt man den Eindruck, als vertrödelten sie ihre Zeit mit Nachsinnen und Ausruhen. Vor allem jener Kutscher, der mit halb geschlossenen Augen auf seinem Bock lag und sein Zugtier mit der langen Peitsche zwischendurch neckte. Das Tier ließ den

Kopf immer tiefer hängen und setzte träge Huf vor Huf. Die beiden waren diese Straße schon unzählige Male entlanggezogen. Welche Revolution oder Umwälzung ihnen dabei auch in die Quere kam, sie begegneten ihr mit hängendem Kopf und halb geschlossenen Lidern. Langsam und elegant kamen sie voran, auch wenn sie unterdessen zu grübeln oder zu dösen schienen. Ich hatte meine Freude an ihrer gelassenen Sorglosigkeit, dennoch kann ich nicht verstehen, weshalb sie so viel Zeit zum Ausruhen brauchen.

Ich weiß nur, dass diese Menschen sich ganz und gar auf ihre Erde verlassen. Ihre Sprache, ihre Gesichter, ihr Wesen, das alles fügt sich in die Landschaft, mischt sich wie Blut und Milch, und daraus entsteht die für sie typische archaische, bodenständige Lebenseinstellung. Selbst die Landschaft des Nordens scheint ja im Nachsinnen oder Ausruhen begriffen, das gilt auch für die großartige Mauer. Stumm kriecht sie über Tausende Meilen dahin, scheinbar tief in Gedanken und über Zeiten lodernder Kriege nachgrübelnd. Während Generation auf Generation folgt, bleibt sie starr und unbeugsam. Keine Träne und kein Blutstropfen sind an ihr haften geblieben. Erde deckt das Unglück zu. Von Weitem könnte man meinen, sie ruhe sich aus. Ich glaube, in mondhellen Winternächten kann man auf der Mauer im Angesicht des Gebirges die Geister der Geschichte heulen hören. Die wahrhaft tragischen und heroischen Geister stimmen allerdings in diese Klage nicht ein. Sie schweigen für immer.

Furcht vor dem Unwirklichen

Irgendwie unterschieden Sie sich von den Nordländern, die ich auf meiner Reise beobachten konnte. Sie waren vornehm und kultiviert, aber nicht unentschlossen. Im Ge-

genteil, Ihr Auftreten war stets würdevoll und bestimmt, was meine Vorstellung von der Stärke der Nordländer tief geprägt hat. Verachtung für Niedertracht und hochfahrenden Heldenmut war es, was ich vor allem anderen als das Erbe von Yan und Zhao ansah. Wie ich nun in der Menge auf den alten Straßen Ihrer Kindheit stand, konnte ich diese Eigenschaften nirgendwo entdecken. War meine frühere Einschätzung falsch gewesen? Und wenn nicht – könnte es sein, dass sich die Leute inzwischen verändert hatten?

Nein, das war fast nicht möglich. Chinesen ändern sich nicht so leicht.

Ich hatte mich offenbar weder geirrt, noch haben sich die Leute verändert, nur waren meine Beobachtungen zu oberflächlich gewesen, und ich hatte sie nicht richtig zu deuten gewusst. Hier hätte die Selbstkritik anzusetzen. Auf Ihre alten Tage waren Sie zunehmend warmherzig und milde; den Studenten begegneten Sie mit augenzwinkernder Nachsicht. Ich war überheblich, bisweilen auch anmaßend. Dennoch gewährten Sie mir Zutritt zu Ihrem Unterricht. Aber einmal, als ich *Zhu Xis* Kommentare zum BUCH DER LIEDER zum wiederholten Male las und dem Kommentator spöttisch ein tieferes Verständnis für den Sinn dieser Dichtung absprach, da wiesen Sie mich auf der Stelle zurecht: »Ein oberflächlicher junger Bursche erkennt die Tiefe eines alten Meisters nicht.« Im Lauf der letzten zehn Jahre habe ich jenes Werk oft zur Hand genommen; immer wieder versuchte ich, die Weisheit Zhu Xis zu ergründen. Erst nachdem ich die Tiefe und Gültigkeit seiner Aussagen schätzen gelernt habe, konnte ich in der Dichtkunst Fortschritte machen und eine gewissen Sicherheit erlangen. Gern würde ich Ihnen von dieser Erfahrung berichten, doch die Kiefern sind älter und das Quellwasser kälter geworden, und unser altes Berkeley ist kaum mehr wiederzuerkennen.

Seit ich selbst in die mittleren Jahre gekommen bin, weiß ich, wie viel Mut zur Einsicht in die eigenen Fehler gehört. Solchen Mut möchte ich weiter kultivieren. Ist man aber von der Richtigkeit einer Sache überzeugt, so muss man für sie einstehen, was häufig noch schwieriger ist und noch mehr Mut erfordert. Gut und Böse sind auf dieser Welt untrennbar miteinander verwoben. Wie kann man also sicher sein? Die Spuren vom Aufstieg und Niedergang einer gequälten Erde und ihrer leidenden Menschen haben über die Jahrtausende Furchen in der Landschaft hinterlassen. Und wir sind der Staub der Geschichte, auf ewig zerstreut und verweht. Wie kann man da auf ein Wiedersehen hoffen? In den zehn Jahren seit Ihrem Tod hat sich in China viel ereignet. Um die Ereignisse zu analysieren und zu beurteilen, bedarf es Sachverstand und Objektivität. Allein durchstreifte ich die Straßen Ihrer Jugend. Wagen, Pferde, Menschen – tosender Lärm umgab mich, doch die alten Mauern schwiegen. Meine Füße gingen über die alten Steinplatten, abgewetzt und schief getreten. Ich bildete mir ein, unter ihrer Eintönigkeit eine Schicht jener vergessenen Zivilisation erahnen zu können. Die aufwühlende, großartige Zeit im Anschluss an die *4. Mai-Bewegung* ist eine solche Schicht jener verblassten, vergessenen Zivilisation. Die Peking-Universität ist inzwischen umgezogen. Ich sah ihr berühmtes rotes Gebäude hinter hohen Mauern verfallen, es hatte ebenfalls die graue Einheitsfarbe angenommen. Jene Epoche ist bereits zur Legende entrückt. Wie können die Intellektuellen meiner Generation sie einordnen und wiederbeleben, ihren Standort bestimmen?

Ich habe festgestellt, dass die Geschichte oft nichts als Spott für uns übrig hat. Vom *Kunming-See*, in den *Wang Guowei* sich stürzte, sind nur gelber Schlamm und welker Lotus geblieben. Wovon zeugen sie? *Chen Yinke* trauerte um Wang Guowei und schrieb: »Wollen die Nachgeborenen den Ort aufsuchen, wo man der Qing-Dynastie die Treue brach, so ist der Wanshou-Berg der rechte Platz zum Trauern.« Von Weitem, durch dürre Magnolienzweige und Ziersteine hindurch, betrachtete ich den *Wanshou-Berg* und empfand den trostlosen Hohn der Geschichte. Die frisch lackierten, verzierten Pfeiler und Balustraden erregten meinen Überdruss. Sie verewigen die Geschmacklosigkeit der Herrschenden. Ich sah das Zinnoberrot des Kaiserpalasts und dachte daran, dass zwei Dynastien ihren Aufstieg und Fall in diesen Farbton gehüllt haben. Die Lähmung des Willens und der Gedanken sind für mich Vorboten des Untergangs. Im *Himmelstempel-Park* und in der *Verbotenen Stadt* sah ich kraftlose alte Bäume, von Flugsand überkrustet. Durch glückliche Fügung hatten sie die Stürme der Geschichte bis heute überdauert, dürften in ihrem Inneren aber wohl eher seufzen, denn frohlocken über dieses unwürdige Vegetieren.

All dies war Ihnen viel deutlicher bewusst als mir. Zwar mache ich mir Sorgen, dass Ihre Seele, kehrte sie in die Heimat zurück, sich nicht mehr zurechtfände und über den geänderten Straßenschildern die Orientierung verlöre, aber gleichzeitig vertraue ich darauf, dass Sie mit Ihren tiefen und umfassenden Kenntnissen die Beschränkungen des irdischen Lebens längst hinter sich gelassen haben. Und ich, der ich eigentlich ein abgeklärtes Lebensalter erreicht haben sollte, stürzte mich unvermittelt in diese mir fremde und doch vertraute Welt, die meine Gefühle unweigerlich aufgewühlt hat. Der Norden gehört zu Ihnen, und in den zehn Jahren, seit Sie uns verlassen haben, sind Sie für mich nur noch stärker mit dem Norden verwachsen. Sie kannten dort jede Straße, jedes Gässchen. Ich hingegen werde eine solche Vertrautheit niemals erlangen; meine

Begegnung mit dieser Gegend war zu flüchtig. Selbst wenn ich den Blick über den See schweifen ließ, musste ich, kaum dass ich mich an das Geländer gelehnt hatte, schon wieder fort wie ein gehetzter Vogel. Kein Gedanke, kein Vers konnte so entstehen. In meiner Erinnerung dehnt sich der dunstverhangene Spiegel des Wassers vor einer Reihe alter Bäume und Wasserpavillons. Sie schieben sich übereinander wie doppelt belichtete Fotos. Wenn ich jetzt über all das nachdenke und es beschreibe, fürchte ich mich vor der Unwirklichkeit meiner Eindrücke. Dennoch möchte ich sie Ihnen übermitteln.

1938 war *Ai Qing* in *Tongguan*. Dort hat er ein Gedicht mit dem Titel »Der Norden« geschrieben und bezeichnet sich darin als »Fremdling aus dem Süden«. Die Anfangszeile »Der Norden ist trostlos« hat er von *Duanmu Hongliang* übernommen:

Oh ja, er ist
trostlos, der Norden!
Der Wüstenwind von jenseits

Der Großen Mauer
hat von den nördlichen Breiten längst abgetragen
des Lebens Grün und der Zeiten Glanz.
Eine fahle, gelbgraue Weite,
ständig von Sandwolken überdeckt.[1]

Wenn ich früher dieses Gedicht las, konnte ich nie richtig verstehen, was mit »erdfarbener Schwermut« gemeint war. Noch weniger konnte ich verstehen, warum es dort vom Esel heißt, »seine Augen sind trübe und seine Ohren hängen«, oder von den wirren Schwärmen der Wildgänse: »Sie schreien mit den schwarzen Flügeln schlagend ihre

Ängste und Qualen heraus.« Inzwischen habe ich meine eigenen Erfahrungen mit dieser Landschaft gemacht. Ai Qing sagt, der Norden ist trostlos. Aber er sagt auch:

Aus seiner Weite und dem kargen Boden
wuchs unsere schlichte Sprache
und unser schlichtes Herz.
Diese Sprache, so glaube ich, und dies Herz
hängen zäh an unserer Erde,
niemals können sie untergehen.[2]

Auf dieses Vertrauen ist meine derzeitige Zuversicht gegründet. Endlich verstehe auch ich jene schlichte Sprache und großzügige Haltung, die in meiner Erinnerung Ihre Stimme und Ihre Haltung gegenwärtig werden lassen. Zehn Jahre sind vergangen, und man kann die Monate und Jahre nicht zurückholen. Ich weiß nicht, wie ich um Sie trauern soll. Der Weg zur Quelle unter den Kiefern ist zu weit, als dass ich Blumen für Sie dort niederlegen könnte. Nur diesen unvollkommenen Bericht kann ich Ihrer teilnehmenden Seele schicken, indem ich ihn verbrenne, auf dass Ai Qings Gedicht Sie in die Heimat begleite. Sie kennen es gut, denn Sie haben es schon in den dreißiger Jahren ins Englische übertragen. Ich werde es jetzt noch einmal lesen. Es geleitet Sie zurück in Ihre Heimat, in den schlichten, großzügigen Norden.

1981

---

1   Ai Qing: Auf der Waage der Zeit, übers. v. Manfred und Shuxin Reichardt. Volk und Welt, Berlin 1988
2   ebd.

Die nordamerikanischen
Steppenwölfe

北
美
大
州
原
之
土
狼

Das erste Mal hörte ich ihr Heulen zwischen Frühjahr und Sommer des vergangenen Jahres. Es war eine warme, helle Mondnacht; während der Abenddämmerung waren wir in unserem Garten gewesen und hatten beobachtet, wie Himmel und Erde sich allmählich verdunkelten und vereinzelte Sterne das durchscheinende nördliche Firmament schmückten. Immer wieder waren Reflexe des Polarlichts zu sehen, und schon bald darauf wurde es auch in den drei anderen Himmelsrichtungen heller. Bäume warfen ihre Schatten auf die Erde, und als ich mich umdrehte, gewahrte ich die volle Mondscheibe, die hinter der Hügelkette aufging und ihre Strahlen in die Mitte des Sees ergoss. In der Luft lag der Duft von Rhododendron gemischt mit dem wilder Erdbeeren, dazu der vage Geruch brennender Kohle. Die Ebene lag wie ausgedörrt unter dem grellen Mondlicht. In dieser warmen Nacht schien kein Tau sie zu benetzen. Nachdem wir ins Haus gegangen waren, stand ich noch eine Weile am Ostfenster, bevor ich mich im Arbeitszimmer den Texten widmete.

Es war also eine warme Vollmondnacht, und ich blätterte flüchtig in meinen Manuskripten, als ich mit einem Mal ihr Heulen hörte.

Zunächst hatte der Klang nichts Staunenswertes, er glich einer erhobenen Stimme, die die Farbe von Brennnesseln besaß und in meine Stille vordrang, sich mir unvermittelt aufdrängte durch Mondlicht, Blumen und Bäume hindurch. Ich hob den Kopf und lauschte angestrengt nach draußen, konnte aber nicht feststellen, woher der Laut kam und wie er zu deuten war. Nach einer Weile war er wieder da, höher diesmal und mit größerer Reichweite. Ich stieß die Tür auf und blickte in die Ferne, wo ich sie mit eigenen Augen zu entdecken hoffte. Doch in meiner Versunkenheit funktionierte das Gehör wohl nicht zuverlässig; vielleicht hatte ich durch zu große Konzentration meine Ohren irritiert. Angespannt lauschte ich in Richtung der dichten Baumschatten und fürchtete, dass sie mir in einem Moment der Unachtsamkeit entwischen könnten, bevor ich etwas von ihrer Form und Farbe erhaschte.

Ja, dieser Klang hatte die Farbe der Brennnesseln, die überall auf der Ebene wucherten; im Frühling brachen sie rasch aus der Erde und öffneten ihre Blüten, dann trocknete der Sommer ihre Samen unter kräftiger Sonne, bis sie platzten und abfielen. Ihre Blätter verloren daraufhin den Saft, nahmen eine welke, goldgelbe Farbe an und raschelten in der schwachen Brise.

Das Heulen kam von den Hügeln herunter und schnitt das Mondlicht in Scheiben; ein Manifest der Erinnerung inmitten der großen Ebene am Übergang vom Frühjahr zum Sommer, nachdem Sonne und Mond sich gewandelt hatten; eine Feier des Gedenkens, voller Ernst und Ehrfurcht, stand im Begriff zu beginnen. In längst vergangener, ferner Zeit, als Habichte und Fledermäuse noch Tag und Nacht verwalteten, als die Flüsse noch reichlich Wasser führten und die Bäume von der Küste bis zur Wasserscheide des Kontinents und wieder hinab bis zur jenseitigen Küste reichten, damals patrouillierten sie, gelegentlich innehaltend, durch die bewaldete Steppe, in der unermesslichen, endlosen Weite, nur umgeben von wehendem Nebel und weißen Wolken. Was ich vernahm, war ein Heulen von markanter Farbe.

Damals war das Wasser im Fluss reichlich; kühl und frisch strömte es unaufhörlich von den Bergen, schäumte zwischen Steinen und abgebrochenen Ästen die Bergbäche hinab und erzeugte endlose Strudel, die sich rauschend bekämpften, aneinander rieben und ineinanderströmten. Damals drang der Klang tief in den dichten Wald ein, wich geschickt den Baumstämmen aus, bis er sich aufrichtete und durch Äste und Baumkronen nach oben in das zerbrochene Himmelsblau stieg, von wo vereinzelte Sonnenstrahlen wie goldene Schwerter das Dickicht durchstachen. Jetzt schien die Luft ruhig, und doch war es nicht wirklich still. Wieder vernahm ich das langgezogene Heulen, dieses Mal glich es einem dahinströmenden Fluss, wogenden Bäumen; es war das Heulen der nordamerikanischen Steppenwölfe.

Während ich mich vor der Tür umsah, erstarb das Geräusch; auf den Hügeln und in der Ebene war es wieder totenstill, nur der Mond stand am Himmel und im Gras lagen die Baumschatten. Noch immer war die Luft erfüllt vom warmen Duft, die Straße vor unserem Haus glänzte wie ein makellos weißes Seidenband, keine Menschenseele war zu sehen. Wartend stand ich da in der Hoffnung, es würde erneut anheben, damit ich die rätselhafte Bedeutung ihres Heulens erfassen könnte, das Geheimnis ihrer Ehre und ihrer Scham. Ich wartete, doch es hatte aufgehört.

Das Heulen kam von den nordamerikanischen Steppenwölfen. Eigentlich seien das gar keine Wölfe, hieß es, obwohl sie Fleisch fressen und dem Wolf in Farbe, Gestalt und Größe sehr ähnlich sind. Die Indianer nannten sie »coyote«, und sie bevölkerten seit Urzeiten den westlichen Teil des nordamerikanischen Graslands.

Eines Tages erzählte ich einer Freundin: »Dort in dem Dickicht am Fuß des Abhangs wohnen Steppenwölfe.«

»Kojoten?«, fragte sie überrascht. »Woher kommen die?«
»Woher sie kommen?«, erwiderte ich. »Sie haben uns doch auch nicht gefragt, woher wir kommen. Wie können wir sie fragen, wo sie doch schon immer hier zu Hause sind!« Es hieß, ihr Bestand sei bereits drastisch zurückgegangen.

Sie hausten links unter uns in der dicht bewaldeten Senke. Als ich zum ersten Mal von ihrer Existenz hörte, hieß es, ein Muttertier habe zwei Junge zur Welt gebracht, die sie sorgsam beschützte. Doch niemand wusste etwas von einem männlichen Wolf. Die Mutter und ihre Kinder vergnügten sich dort unten, manchmal kamen sie auch herauf und spazierten über die Wiese, wo sie das Heulen übten. Einmal ging ich sogar hinunter, um sie aus der Nähe zu beobachten, doch es wurde schon dunkel und ich konnte sie nicht entdecken. Ihr Leben und ihr Heranwachsen interessierten mich sehr. Immer wieder erreichten mich Nachrichten über die dreiköpfige Steppenwolffamilie. Man erzählte sich, dass die Jungtiere rasch größer wurden, schließlich waren sie Fleischfresser. Aber genau das war ihr Problem. Wo sollten sie hier so viel Fleisch herbekommen? Ich vermutete, dass sie sich anfangs von kleineren Tieren ernährten – Hasen oder Eichhörnchen, die auf der Wiese lebten –, doch jetzt, wo das Wetter langsam kalt wurde, begannen diese Tiere ihren Winterschlaf. Dann hörten wir, dass einige Nachbarn ihre Hunde und Katzen vermissten.

Das erste Mal hatte ich ihr Heulen zwischen Frühjahr und Sommer des Vorjahres vernommen. Damals, so nahm ich an, waren die Tiere noch nicht ausgewachsen. Sie folgten ihrer Mutter bei der Futtersuche. Und dann waren sie den Hügel heraufgekommen, genau in dem Moment, als alles in Mondlicht getaucht war und völlige Stille herrschte. Die Mutter begann zu heulen, und die Jungen hoben die

Köpfe und taten es ihr nach; in jener Nacht breiteten sie den bunten Brokat ferner, uralter Zeiten vor mir aus – schillernd und glänzend. Damals gingen noch keine Gerüchte über vermisste Hunde und Katzen um. Immer wieder hörte ich von anderen, dass die Steppenwölfe quer über den Rasen liefen und keine Angst vor den Menschen zeigten, die dort unterwegs waren oder Golf spielten. Die Leute bewunderten die gemächliche, unschuldige Art, mit der die Tiere sich bewegten, sie prahlten damit, dass man sich ihnen nähern konnte, ohne dass sie ihre Wildheit zeigten. Jemand berichtete sogar, sein Golfball sei direkt vor der Mutter und den Jungen gelandet. Eines der Jungtiere sei neugierig nähergekommen und habe den Ball in die Schnauze genommen, ihn aber sofort wieder fallen lassen, als es merkte, dass er nach nichts schmeckte. Das andere Jungtier tat es ihm nach, während die Mutter einfach dabeistand; sie würde so einen dummen Ball nicht anrühren. Ein andermal hörte ich, dass sie der Straße am Fuß des Abhangs gefolgt und beim Spielplatz der Grundschule aufgetaucht seien, wo sie zwischen Schaukel und Rutschbahn herumtollten. Das jedoch hielt ich für unwahrscheinlich; vermutlich hatte nur jemand irrtümlich einen großen Haushund für einen nordamerikanischen Steppenwolf gehalten.

Es wurde immer kälter, seit Winterbeginn hatte ich sie nicht mehr gesehen. Dass sie Haustiere anfielen, erfuhr ich beiläufig, doch es beunruhigte mich und ich reagierte besorgt. Nicht wegen der Haustiere. Vielmehr fürchtete ich, dass ihr Treiben ihnen selbst gefährlich werden konnte. Über kurz oder lang würden sie den Zorn der Tierhalter auf sich ziehen.

Eines Nachmittags, als die Sonne sich noch nicht zurückgezogen hatte und der Bergwind nur schwach wehte, brach ich zu einem Spaziergang auf. Es war ein selten schöner Wintertag, klar und rein und nicht so kalt wie im November üblich; in der kühlen Luft lag noch ein Rest von Wärme. Wären die Bäume nicht kahl gewesen, man hätte sich im beginnenden Frühjahr wähnen können; der Wechsel von kalt und warm war gerade richtig für einen Spaziergang von unserem Haus zur Hügelkette.

Vor der Tür wandte ich mich nach links. Vor mir sah ich einen Gärtner auf einem fahrbaren Rasenmäher. Er hatte sein Fahrzeug unter dem Wildkirschenbaum abgestellt und beobachtete, den Oberkörper nach links gedreht, etwas in der Ferne. Ich folgte seinem Blick: Mitten auf der Wiese unter der goldenen Sonne stand ein stattliches Tier zwischen Hund und Wolf; entspannt und ruhig stand es da.

»Der Kojote«, sagte der Gärtner, »ich sehe ihn so gern.«

»Das also ist er«, sagte ich und wiederholte im Stillen noch einmal: »Das also ist der nordamerikanische Steppenwolf.« Den langen Namen hatte ich im Lexikon gefunden. So standen wir unter dem Wildkirschenbaum und betrachteten von Weitem den einsamen Steppenwolf. Er war nicht sonderlich groß, auf seinem graugelben Rücken verliefen unregelmäßige schwarze Streifen, die Ohren hatte er aufgestellt, als lausche er den Geräuschen des Windes. Fest und still stand er auf der weiten grünen Wiese, den Blick auf den südlichen Hügel gerichtet, den Schwanz ließ er locker herabhängen. Die für den Wolf typische Wachsamkeit war ihm nicht anzumerken, er schien von seiner Umgebung, einschließlich der spazierenden Menschen und der langsam fahrenden Autos, überhaupt keine Notiz zu nehmen.

Der einsame Wolf stand unter der goldenen Wintersonne und schien trotz des Frosthauchs in der unaufhörlich wehenden Brise ihre Wärme zu spüren.

»Es heißt, es sei eine Mutter mit zwei Jungtieren«, sagte ich zu dem Gärtner. »Ich habe sie eines Nachts heulen gehört.«

»Die Mutter wurde leider getötet«, erwiderte er tonlos und schüttelte den Kopf. »Ich habe ihnen immer so gern zugeschaut.«

»Wann ist das passiert?«, fragte ich.

»Vor etwa zwei Monaten, es können auch drei sein. Sie ist in einen Hof gelaufen und der Besitzer hat sie mit einem Schuss erlegt.«

Was da vor uns stand, musste eines der ausgewachsenen Jungtiere sein.

»Sie wachsen schnell, diese Kojoten«, sagte der Mann bewundernd.

Dann war die Wolfsmutter also tatsächlich, wie ich befürchtet hatte, wegen der Übergriffe auf Haustiere getötet worden. Nach dem Tod der Mutter mussten die beiden Jungtiere sich selbst ernähren. Offenbar waren sie rasch selbstständig geworden; jeder ging seiner eigenen Wege und während der zwei, drei Monate zwischen Herbst und Winter waren sie erwachsen geworden. Ich sah dem einsamen Wolf lange zu, wie er mitten auf der Wiese stand; es war sehr ruhig hier oben, lange Zeit rührte sich nichts. Plötzlich drehte das Tier den Kopf und hielt ihn schräg in unsere Richtung, mit einem Ausdruck des Erstaunens, wie mir schien. Dann vernahm ich von weit her ein schwaches Hundegebell, unvermittelt trottete der Wolf langsam in den Wald hinein.

Von da an musste ich oft an diesen einsamen nordamerikanischen Steppenwolf denken, der in ein entwickeltes Wohngebiet geraten war und den Golfplatz für seinen ursprünglichen Lebensraum hielt. Aus einer ihm ureigenen Zuneigung für Wiesen, Wald, Fluss und Tal, aus dieser unverbrüchlichen Zuneigung heraus war er in diese Gegend gekommen, auch wenn sie durch menschliche Planung bis zur Unkenntlichkeit verändert worden war – aus der Sicht der Menschen gesehen. Doch für den Wolf existierte der Unterschied zwischen jetzt und damals nicht – abgesehen (natürlich) von seiner Einsamkeit. Ja, Einsamkeit schien mir der Inbegriff des Wolfes zu sein; wie er da am hellen Nachmittag unschuldig und allein auf der glatt gemähten grünen Wiese stand und sich umschaute; den Instinkt für Wachsamkeit und Selbstschutz schien er völlig verloren zu haben. In Gedanken versunken ging ich weiter. Wonach hielt er Ausschau? Suchte er seinen verlorenen Gefährten? Vielleicht. Aber womöglich versuchte er auch, längst vergangene Erinnerungen aufzuspüren und, an das gemeinsame Gedächtnis der Kojoten anknüpfend, die Farbe und den Geruch der Brennnessel wiederzufinden.

Vergeblich.

Ich wanderte die Hügelkette entlang und dachte nach. Ohne Angst hatte er dort gestanden, und doch unweigerlich verwirrt und verloren, bis das schwache Hundegebell aus der Ferne ihn in den winterlichen Wald trieb.

Noch oft musste ich an ihn denken, aber weder ihn noch seinen Zwilling habe ich je wieder gesehen. In jenem Winter gab es oft strengen Frost und morgens war alles in weißen Reif gehüllt. Die Pfützen auf der Straße waren gefroren, doch es schneite lange nicht. Auch ohne Schnee wusste ich, dass es nachts draußen in der Wildnis bitterkalt war, und ich musste unwillkürlich an jenen Wolf und seinen Zwilling denken. Gestern war wieder so eine strahlende Mondnacht. Ich saß zu Hause und sah den Mond am östlichen Himmel durch die blattlosen Bäume und dichten grünen Kiefern wandern. Ich fühlte, wie sich die Zeit mit ihren winzigen Schritten wieder genau zwischen Licht und

Schatten, Schein und Sein bewegte. Und plötzlich hörte ich jenes auffliegende Heulen, das schnell und mit einem Rasseln in den mit Eisblumen übersäten Himmel stieg. Eine Melodie aus unvordenklichen Zeiten aufnehmend fuhr es über die eisige Wiese und in meine erschrockenen Nerven. Da waren sie, mindestens zwei mussten es diesmal sein. Entschlossen, als wollten sie die Einsamkeit überwinden und die Erinnerung, die ihnen ihr grenzenloses Heimweh eingab, festhalten, heulten sie gemeinsam den zögerlichen Mond an, langgezogen und fern. Sie führten mich zurück in vergangene Zeiten und Räume, diese nordamerikanischen Steppenwölfe! Dann erhob sich überall in der Nachbarschaft vielstimmiges Hundegebell, an- und abschwellend, bis das Heulen der Wölfe erstarb. Ich eilte zum Fenster und blickte mich um, sah aber nur den mit Eisblumen übersäten Himmel und die von Mondlicht übergossene Erde.

1987

Die Bucht

水灣

Die Bucht hat in etwa die Farbe eines Saphirs; man kann sich das vorstellen, doch aus irgendeinem Grund ist ihre Oberfläche jetzt von einem silbergrauen Schleier überzogen. Ich kann mir das zunächst nicht erklären, bemerke dann aber, dass der Himmel, dort wo er dem Meer nahe ist, den Nebel durchdringt; das muss es sein. Seit vergangener Woche ist ein Hauch von Herbst zu spüren, zwischen Himmel und Erde weht es kühl. Dem Meer ist dies alles vertraut, es kräuselt sich fröstelnd unter der kühlen Luft. Heute Morgen, bei Sonnenaufgang, verbarg sich die Bucht fast ganz hinter Nebelschwaden, erst allmählich, als die Sonne höher stieg, rissen sie auf.

Ein Boot kreuzt schnell durch die Bucht. Es zerschneidet die saphirblaue Bucht, den silbergrauen Schleier und saust auf das Gebiet mit den vielen kleinen Inseln zu.

»Was heißt ›mit vielen kleinen Inseln‹?«

»Sich ausbreiten in die Stille ...«

Das Boot hat eine Schleppe aus glänzend weißem Satin, zwei vom Schiff aufgewühlte Falten aus Wasser. Einen Augenblick lang wogen sie heftig auf, schwanken nach links und rechts, als zierten sie sich, um dann wie vernäht wieder in die Stille zurückzukehren. Das Boot bewegt sich rasch vorwärts, gleitet wie auf Eis. Plötzlich verschwindet es hinter einem kleinen Felsvorsprung, und auf einmal ist die Welt völlig ruhig, bis es an der anderen Seite des Kaps wieder auftaucht. Weiter verfolgt es seinen Kurs, man könnte fast meinen, dass es fröhlich ist.

Ich sitze am weit geöffneten Fenster und blicke immer wieder auf. Durch das offene Fenster dringt der Lärm ungehindert herein, die vielstimmigen Geräusche einer Baustelle. Als ich eben das Boot durch die Bucht kreuzen sah, erschien mir die Welt so still. Das muss eine Illusion gewesen sein. Doch nun ist kein Zweifel mehr möglich: Die schweren Baumaschinen am Hang vor meinem Fenster bewegen sich, hin und her, auf und ab; melancholisch kreist der Betonmischer und verteilt seinen Inhalt mal nach links, mal nach rechts. Hinter dem Gerüst schlagen Eisenhämmer auf Stahlträger, Schraubenschlüssel montieren ein neues Kupferkabel. Und die Sonne scheint auf alles herunter, auf dieses gewaltige Getöse. Willkür herrscht in all dem Glitzern und Flirren, Willkür in all dem Ping-pang, Ding-dang, Honglong, Pai-da.

»Willkür? Getöse?«

Ich schließe das Fenster und betrachte im Stehen das Meer, das schöne, weite Meer da draußen. Ich mache einen Schritt auf das Fenster zu, doch eine Querstrebe, etwa fünfzehn Zentimeter breit, verläuft genau zwischen Augen und Brauen, sodass ich nichts mehr sehe.

»Nichts mehr sehen? Aber warum denn?«

Offenbar ein Gestaltungselement, eine etwa fünfzehn Zentimeter breite Querstrebe; von außen mag sie gut aussehen, aber sie kommt, sobald man nahe ans Fenster tritt, genau zwischen Augen und Brauen zu liegen und versperrt die Sicht. Deshalb sieht man nichts mehr.

»Dann schau eben nicht hinaus.«

»Schau nicht hinaus.«

»Sie ist doch da, die Bucht mit den Inseln. Sie sind da. Du weißt, dass sie da sind, das genügt. Sie sind da, auch wenn du sie nicht siehst.«

»Das genügt.«

»Du weißt, dass sie da sind, das genügt.«

»Das könnte von *Shen Congwen* sein.«

»Es ist von Shen Congwen.«

»Standhaft und entschlossen, obgleich es nach außen hin passiv wirkt.«

»Es ist aber nicht passiv. Das Schnellboot ist schließlich auch noch da.«

»Zu wissen, dass es da ist, genügt.«

»Die Bäume auf jenem Berg sind wunderschön, ich mag diese Bäume.‹«

»Denk nicht zu viel.‹«

Ich setze mich. Es könnte schließlich auch vollkommen anders sein. Das Meer wird immer blauer; klar und still und unendlich tief. Die großen und kleinen Inseln sind noch da, vielleicht sind es sogar ein paar mehr geworden, weil der Nebel sich aufgelöst hat und sie sich nun zeigen. Von dem Schnellboot ist nichts mehr zu sehen. Es muss genau in dem Moment seine Position verändert haben, als meine Sicht durch die Querstrebe des Fensters behindert war. Vielleicht verbirgt es sich hinter einer großen Insel.

Der Nachmittag verspricht klar und schön zu werden, der silbergraue Schleier ist verschwunden. Der Himmel ist noch immer blau, klar und still und unendlich tief. Am äußersten linken Rand meines Blickfelds kräuselt sich das Vorgebirge wie die Noten einer auf- und absteigenden Melodie, um sich dann in den Falten der Bergkette zu verlieren. Ihre Schatten tanzen unter dem kräftigen Sonnenlicht, ein Tanz aus flirrendem Glanz. Eine weiße Wolke segelt über den Himmel. Rechts sind, abgesehen von der großen Insel, unzählige Riffs und Klippen übers Meer verstreut wie Sterne am Himmel oder Steine auf einem Spielbrett. Alle sind sie aufs Geschmackvollste mit Gras und Bäumen bekleidet. Woher kommen diese winzig kleinen Inselchen? Wer weiß, wie sie entstanden sind? Welch törichte Frage! – Was ich meine ist, wie sie an ihren jetzigen Standort gekommen sind, so natürlich und harmonisch verteilt. Ihre Anordnung scheint unendlich bedeutungsvoll; eine Lektion in Zen und Allegorie.

Ich habe sehr lange darüber nachgedacht, immer wieder, beiläufig, weiß aber keine Antwort. Es ist einfach so, ohne dass ich erfassen könnte warum. Und auch du kannst es nicht. Jedenfalls liegen sie genau richtig, ihr Abstand, ihre Verteilung sind perfekt. Sie führen vom Betrachter weg, jede ein bisschen kleiner als die vorige, immer weiter, bis nichts mehr zu sehen ist.

Was bleibt, ist das ewig blaue Meer, das sich nach Ost-Südost erstreckt, dann nichts mehr, Stille. Auch wenn ich mit weit geöffneten Augen nach vorne blicke: Da ist nichts, nur Stille. Wird auf der Baustelle eigentlich noch gearbeitet? Stille. Selbstverständlich geht die Arbeit dort weiter. Nur weil ich an etwas anderes gedacht habe, etwas anderes betrachtet habe und angestrengt versuchte, die Lektion der blauen Bucht zu ergründen, konzentriert und voller Respekt, habe ich den bedrückenden Lärm für kurze Zeit vergessen. Ich vergaß ihn, während ich mit allen Sinnen einer weißen Wolke folgte, die über den unendlich tiefen Himmel segelte, während ich meine gesamte Vorstellungskraft darauf verwandte, wie wohl diese kleinen Inselchen von allem Anfang an ihre natürliche, harmonische Verteilung bekamen. Ich habe die Existenz dieses Lärms, der unter dem heiteren Himmel und der glühenden Sonne weiterging, einfach ausgeblendet. Draußen vor dem Fenster existiert er durchaus, wie ich jetzt bewusst wahrnehme, oder aber er existiert nicht, wie eben gerade. Doch meine besorgten Überlegungen sind bedeutungslos.

Wieder sehe ich ein kleines Boot auf dem Wasser. Auch dieses Boot gleitet rasch und wie auf Eis dahin, zieht ebenfalls eine Schleppe aus weißem Satin hinter sich her wie zwei Wasserfalten. Es bewegt sich nach links, zwischen den Inselchen hindurch, wobei es spielerisch seine Richtung ändert, fröhlich, will mir scheinen, ja, es wirkt tatsächlich fröhlich auf mich. Dann verabschiedet es sich von mir, treibt weiter und weiter fort in die im Nebel verschwindende Ferne; voller Bedauern und Mitgefühl nimmt es Abschied von mir, während ich ruhig hier oben sitze. Verwundert. Auch ich nehme Abschied von ihm, voller Bedauern und Mitgefühl. Nach außen mag das passiv wirken, aber dennoch standhaft und entschlossen. Eben verlässt es die Bucht in Richtung auf das Südchinesische Meer und verschwindet.

1991

Adler am Mittag

Ein Adler kam und flog wieder weg, ohne eine Spur zu hinterlassen.

Es muss im Spätherbst des vergangenen Jahres gewesen sein, etwa zu der Zeit, wenn der Herbst in den Winter übergeht, die Sonne am hellsten leuchtet und am wärmsten scheint, wenn das Meer tiefblau ist und den fernen Himmel widerspiegelt, so hoch und so tief.

Wir wohnten erst seit Kurzem hier in Hongkong, und alles draußen vor dem Fenster faszinierte uns; wir waren überzeugt, dass wir, wenn wir ruhig dasäßen und mit weit geöffneten Augen hinausblickten, Interessantes entdecken würden. Das Morgenrot zum Beispiel, oder die Abenddämmerung, den Wandel von Wind und Wolken, die Farben der Inseln, die Spuren vorbeifahrender Schiffe, vielleicht sogar die Rückenflosse eines Hais. Man erzählte sich nämlich, dass dieses Gebiet der Lebensraum der Haifische sei. Wir wohnten im achten Stock, und mit etwas Konzentration konnten wir sehr weit sehen. Anfangs war es tatsächlich so, dass wir diese fremde Landschaft unvoreingenommen, neugierig und liebevoll betrachteten, ständig änderten wir den Fokus in der Hoffnung, alles deutlich sehen zu können. Mit Sorgfalt, aber nicht zu präzise, so wäre es am besten, denn dann bliebe ein Rest von Geheimnis, der zu weiterem Forschen anregt; gerade weil man etwas noch nicht völlig verstanden hat, geht man einer Sache weiter nach, ohne wirklich zu wissen, was man so aufmerksam und liebevoll sucht und warum.

Es ging auf Mittag zu, und ich weiß noch, dass an jenem Tag die Sonne besonders hell schien. Ich trat an die Glastür zum Balkon, mein Gesichtsausdruck wird wohl etwas müde und schwermütig gewesen sein, wie so oft, wenn ich von meinen Büchern und Manuskripten aufstand. Draußen war alles ruhig, ich war allein zu Hause. Um diese Zeit fiel das Sonnenlicht schon nicht mehr bis ins Zimmer, aber die vier Wände waren noch warm und voller Spiegelungen des fernen Meeres. Da sah ich den Adler: Aha, du bist das also.

Vor ein paar Tagen hatte mir Yingying nämlich erzählt, dass sie einen großen Vogel auf unserer Balkonbrüstung sitzen gesehen hatte. Dieser große Vogel musst du gewesen sein. Sie berichtete, aus welcher Richtung du in herrlicher Haltung angeflogen kamst und wie du dich auf der apfelgrün gestrichenen Eisenbrüstung niedergelassen hast. Sie meinte, du seist sehr groß, heldenmütig und tapfer. »Das war kein gewöhnlicher Vogel«, sagte sie.

Ich vermutete, es könnte ein Adler gewesen sein. Jemand hatte mir erzählt, dass diese Gegend ursprünglich die Heimat der Adler war, besonders dort, wo die bewaldeten Berghänge zum Wasser hin abfallen, ein freies Gelände, wo ihre Art sich vermehren konnte. Es gab genügend Beweise, die dies bestätigten; die Gegend südlich von Wuling galt von alters her als Revier der Adler und Schlangen. Bei genauer Überlegung erschien es mir viel wahrscheinlicher als das Gerücht von den Haifischen. Yingying bedeutete mir mit beiden Händen: »So groß war er.« Und ich entgegnete: »Das muss ein junger Adler gewesen sein.«

Nun war er tatsächlich da, nur wenige Schritte von mir entfernt, draußen vor der Glastür, und ließ sich erstaunlicherweise von mir bewundern. Hochmütig warf er mir einen gleichgültigen Blick zu, so als ob ich ihn gar nicht kümmerte. Fast verächtlich beobachtete er mich, seine tief liegenden Augen glichen denen eines traurigen Ausländers. Er drehte den Kopf zur glänzenden Wasserfläche hin und wandte sich dann wieder mir zu, und doch wusste ich, dass er sich nicht nach mir umdrehte. Vermutlich war dieses Sondieren nach links und rechts seiner widerspenstigen, stolzen Natur geschuldet, ein angeborener Reflex der Nerven in Schulter und Hals, willensstark, entschieden und unerschütterlich. Atemlos starrte ich ihn an, dort im Sonnenlicht, hinter ihm das dunkelblaue endlose Meer und der weite Himmel. Beides bildete einen eindrucksvollen, aber durchaus gewöhnlichen Hintergrund, schlanke Melodien, die ineinandergriffen, auf- und absteigend, mal fern, mal nah. Das alles habe ich selbst gehört und gesehen.

Lange saß der Adler auf unserer Brüstung und prahlte mit seiner in alten Legenden überlieferten Schönheit. Sein Kopf war kräftig und klar umrissen in einer Mischung aus Grün und Grau mit etwas Dunkelgelb; die Augen gingen pfeilschnell hin und her, sie standen weit auseinander, wie Morgenstern und Abendstern; sein harter, krummer Schnabel erlaubte es ihm, in der Ebene auf Schlangen und Skorpione herabzustoßen; seine Flügel hatten frische Farben mit Streifen, die im Nacken begannen und weiter unten wieder zusammenliefen; jede Feder hatte ihren Platz, ordentlich lag eine über der anderen; gelassen ruhte er sich aus und nahm meine Existenz nicht zur Kenntnis. Neugierig betrachtete ich ihn und hielt seine Gestalt in meinem Herzen fest. Seine Krallen klammerten sich wie Enterhaken an das Geländer; nach links warf er mir einen scheelen Blick zu, dann schaute er konzentriert nach rechts.

In meinem Herzen blitzten die verschiedensten Formen und Stimmen auf. War ich ihm in einer anderen Welt womöglich schon einmal begegnet? Mit der gleichen überraschten Neugier beschloss ich, ihn voller Aufrichtigkeit mit meinen Gedanken einzufangen, nicht mit Netz, Falle oder Pfeil, sondern mit einem Gedicht:

Er krallt den Fels mit krummer Hand;
Der Sonne nah im fernen Land
Umringt Azurwelt seinen Stand.

Die Runzelsee kriecht unten fahl;
Er späht von seinem Bergeswall,
Und blitzesgleich stürzt er zu Tal.[1]

Doch unser Adler schien, als ich eben die sechs Zeilen dieses unvollendeten Gedichts von Tennyson vor mich hin sagte, irgendwie gestört worden zu sein. Er glitt in die Tiefe, entfaltete seine starken Schwingen und warf den flinken Körper den Tausenden blendender Sonnenstrahlen entgegen. Ein Flügelschlag und er war weg. In den vagen Lichtreflexen des Wassers schwebte er so entschlossen, ja beinahe heldenhaft tragisch, und hatte mich verlassen. Da hörte ich, wie die Uhr Mittag schlug.

Seither ist er nicht wiedergekommen. Yingying hoffte sehr, ihn noch einmal zu sehen über dem Wasser, in der sonnendurchfluteten Luft oder vielleicht in der Abenddämmerung oder im Dunst der Regenzeit; aber er ist nicht gekommen. Manchmal stehe ich wie zufällig an der Balkontür, wenn die Uhr Mittag schlägt, und halte versonnen Ausschau, so als suchte ich etwas, und hoffe, dass er zu mir geflogen käme, aber er ist fort, unser Adler.

1992

---

1   Alfred Tennyson, in: Englische und amerikanische Dichtung, Bd. 2, S. 392, übers. von W. von Koppenfels. C. H. Beck Verlag, München 2000

Adler des Herzens

Der Adler fliegt dorthin, wo die Sonne kräftiger scheint,
taucht ein in die Projektion der großen Insel mir gegenüber.
Auf der Terrasse rascheln gefallene Blätter
wie die verworfenen Gedichte des vorigen Herbstes.
Jetzt nimmt der Adler Kurs nach Süden,
entfernt sich langsam. Ich stehe auf,
das Gesicht dem Meer zugewandt.

Dann verliere ich ihn.
Vermutlich entfernt er sich flügelschlagend,
vielleicht in die Berge und Wälder zurück.
Wie ich ist er der Wahrheit und all dessen überdrüssig.
Viel lieber flöge ich dort ans Wasser,
wo keine Menschen sind,
und schaute dabei hinab auf meine eigene flüchtige Form,
steigend und fallend in der weiträumigen Stille,
mein tieftrauriges Herz.

Was ich
im Sinn hatte

云
誰
之
思

Die Begegnung mit der Schlange, oder besser gesagt, jener kurze Moment, als er oder sie unerwartet mit mir zusammentraf und wir irgendwie aufeinander einwirkten – ich meinerseits dachte zumindest so, und man kann nur hoffen, dass die andere Seite es ebenso sah –, ließ mich viele Jahre nicht mehr los. Im Grunde ist es eine sehr private und persönliche Angelegenheit, die der Veröffentlichung nicht lohnt. Vielmehr wünschte ich mir lange, dass sie, wenn ich sie nur tief genug in einem Winkel meines Gefühlslebens versteckte, keine Möglichkeit mehr bekäme, mich zu weiterer Betrachtung, Analyse und Interpretation zu zwingen. Wenn ich sie also einfach in der dunklen Welt meiner Erinnerung verschlösse, würde sie allmählich verblassen und schließlich ganz vergessen sein, das wäre eine gute Lösung. Doch die Zeit beweist, dass dies nicht gelang. Jetzt, nach so vielen Jahren, muss ich mir endlich eingestehen, dass diese kurze Begegnung äußerst denkwürdig war. Sie stellt für mich eine tiefe Quelle der Inspiration dar: Sie schließt zurückliegende und später in bildlichen Darstellungen der Schlange und vergleichbaren biologischen Phänomenen immer wieder aufscheinende, physische wie geistige Erfahrungen zusammen und übt eine große, unergründliche Magie auf mich aus.

Die Rede ist hier von einem Sommer, auf den man von einem bestimmten Zeitpunkt aus zurückblickt.

Der Ort ist eine Insel mit einer Holzhütte inmitten einer Bucht.

Blickt man von der Insel geradeaus, so umarmt die Bucht noch weitere Inselchen. Der Sandstrand zieht sich, im Schutz der nächsten Insel, nach links hin, während der ebenso schöne Strand von gegenüber mit großer Geste zum Meer hin abfällt. Nach oben ist die Szene von üppig wuchernden Bäumen begrenzt, ihr dunkles Grün spielt in ein tiefes Blau hinüber.

In meiner Erinnerung hat sich Folgendes erhalten: In jenem vergangenen Sommer trat ich aus der kleinen Hütte, ging nach rechts vorne und setzte mich, das grelle Sonnenlicht über den Wellen meidend, nach etwa fünfzehn Schritten auf eine längliche Holzbank. Ich bemerkte, dass die über meinem Kopf in Schichten gewölbten Zweige und Blätter, die mich mit solcher Strenge und imponierender Haltung umhüllten, einer Eiche gehörten. Die gebrochenen Sonnenstrahlen vor der Hütte fielen auf ihren Stamm, ins Schilfdickicht, auf die Blumenrabatten bis in den verdorrten Gemüsegarten; alles funkelte wie mit Perlen und Edelsteinen besetzt. Was mir in Erinnerung blieb, ist die Holzhütte auf der Insel im Sommer jenes längst vergangenen Jahres. Bis auf einen gelegentlichen Vogelruf, der aus dem tiefen Wald herüberdrang, war es völlig still; er kam von so weit her, dass man ihn für einen verspäteten Anruf aus ferner Vergangenheit halten konnte. Sonst war nur das endlose Murmeln des Meeres zu hören. Bloß manchmal steigerte sich das sanfte, stetige Geräusch zu einem Klatschen, auch das Tempo schien sich zu erhöhen, aber all dies geschah im Niemandsland zwischen Wissen und Nichtwissen und drang nicht bis in mein Bewusstsein. Später, in einem weiteren Sommer voller Veränderung und Zweifel, habe ich oft versucht, mir diesen Moment ins Gedächtnis zu rufen. Das gebrochene Licht des Mittags hatte die dunkelgrünen Blätter mit einer Milchstraße geschmückt, ein völlig neues

Universum. Plötzlich raschelte es nur einen Schritt von meiner Ferse entfernt. Ich schreckte hoch und spürte intuitiv, dass diese inhaltslose Welt auf einmal nicht mehr inhaltslos war, ein unerwarteter Gast war hereinplatzt. Den Blick gesenkt, schaute ich mich um und entdeckte im wuchernden Unkraut eine schöne kleine Schlange.

Sie war es, diese Schlange, nur etwa zwei Fuß lang, der Kopf nicht größer als mein linker Daumen, mit einem grazilen und schlanken Körper. Ihre bunte Farbenpracht, blau, grün und gelb gemustert, leuchtete im zitternden Sonnenlicht. Er oder sie hätte sich sonst wohl einfach an meiner Holzbank vorbeigeschlängelt. Doch da ich mich wegen ihres unvermeidlichen Raschelns im Augenblick des Entdeckens so überrascht zeigte, störte ich damit wohl auch ihre Geistes- und Gefühlslage – doch wer weiß das schon genau zu sagen. Jedenfalls richtete sich das Tier plötzlich mit einem sanften Anheben ihres Vorderkörpers auf, wandte den Kopf und musterte mich neugierig. Ich beobachtete den unbekannten Kumpan mit einer gewissen Unruhe, weil ich jedoch wusste, dass uns nur eine kurze gemeinsame Zeit vergönnt war, schenkte ich dieser Begegnung meine höchste und von Herzen kommende Aufmerksamkeit. Wie zu erwarten, fuhr sie, noch bevor ich mir einen eigenen Standpunkt hatte bilden können, flink herum und schnellte in die Tiefen des wuchernden Unkrauts davon.

Meine erste Reaktion war: Welch schüchterner, schwermütiger Dissident ... Dann, nachdem wieder ein Jahr vergangen war, habe ich »Die Schlangen – erste Etüde« geschrieben:

Jemand fragt etwas und
wartet meine Antwort nicht ab,
sondern versteckt sich in der Tiefe

des stammelnden Waldes. Ich spähe
in alle vier Richtungen,
das Grün meines Herzens verblasst
im scheckigen Licht:
Himmel und Erde wie ein Zebra.

So stehe ich schweigend und denke,
dass seine Zweifel unvermeidlich, wenngleich
verboten sind. Aus einem Baumwipfel fällt
ein Blatt in e-Moll.
Es hat die Form von Lippen,
geschwungen und leicht geöffnet,
und schwebt in schwindelnder Pose
durch den hellsten der Lichtstreifen.
Mit leichtem Tremolo landet es
in perfekter Diagonale auf einem Spinnennetz.
Ein durchbrochener Strahl streift den Mundwinkel
und lässt ihn einen Moment lang
aufleuchten. Er war es, der sich
nach meinem Gedankengang erkundigt hat.
Er stammt von einer dieser kalten Nordinseln
mit ihren prächtigen Wäldern,
ein tragischer Dissident in des Waldes
düsterer Tiefe.
Er zieht es vor, allein zu leben.

Daraufhin zwang ich mich – unter Berufung auf Mne-
mosyne, die Göttin des Gedächtnisses –, mir den Farbton
der Schlange genau in Erinnerung zu rufen. Und bei dem
fliegenden Gelb und dem flüchtigen Grün kam mir der
Gedanke an jene auf dem Rücken gebundenen Gürtel, wie
die dreifarbigen Figuren der *Tang-Keramik* sie tragen. War
ein solcher Gürtel – eben vom schönen weiblichen Körper

entbunden – nicht der Inbegriff des Tanzes? Zumal Schönheit die höchste Macht ist, der wir uns nicht widersetzen können, sondern bedingungslos unterwerfen müssen, eine absolute Autorität. Wie damals in der Shenlong-Periode der Tang-Dynastie, zwischen dem Jahr des Drachen und dem der Schlange (705-707 n. Chr.), als der Inbegriff des Tanzes sich aufmachte, mit flatterndem Gürtel die Schönheit und Macht des weiblichen Körpers zu demonstrieren. Also lautete die Definition:

»Schönheit, die aus der Urzeit kommt,
ist eine rätselhafte Erfahrung. Sie flößt Angst ein,
hat etwas Tückisches – doch das ist ein Missverständnis.«
Abgesehen von seiner Schüchternheit ist er ohne Fehl,
eigentlich nicht einmal ungesellig.

Obgleich er es vorzieht, allein zu leben.

In diesem Moment war das Tier völlig vertieft und in sich versunken, feinsinnig und vieldeutig zugleich, wie die Gestalt einer fliegende *Apsara*, die aus ihrer Felsgrotte heraus das Licht der Welt erblickt; ruhig und still, als erwarte sie mit Leib und Seele eine Antwort von mir, diese neugierige Schlange voller Sympathie, die eine zögerliche Frage an mich richtete.

Er/sie schien sich nach meinen Nöten zu erkundigen. Während ich noch überlegte:

... fällt ein Blatt allegretto
sforzando. Er zuckt zurück und kehrt heim
in die Tiefe des Waldes – dieser tragische
Dissident.

Damit brachte er eine Empfindung zum Ausdruck, deren tiefere Bedeutung ich zu verstehen glaubte, wenngleich mir manches unbegreiflich blieb. Aber ich war mit meinem vorläufigen Verständnis zufrieden, den Rest verrate ich in der zweiten Etüde:

Vielleicht hat sie ein Herz, die Gräser
schütteln die Köpfe und bleiben indifferent.
Hätte sie eines, so wäre es ohnehin kalt.
Ich folge ihr, als sie sich zurückzieht,
unter eine Klippe oder Ranke, wie ich vermute,
oder in einen Brunnen.
Auf einem Kieselhaufen, den manchmal
die Mittagssonne bescheint, liegt sie zusammengerollt,
traurig, empört und entmutigt.

An einem Ort, den niemand kennt,
macht sie sich Vorwürfe,
so liegt sie, den eiskalten Körper Schicht an Schicht,
Ring um Ring. Noch gelingt es ihr nicht,
die erstorbene Leidenschaft wieder zu entfachen.
Sie spürt vielmehr, wie an den Wirbeln hinter dem Kopf,
wo Verstand und Gefühl aufeinandertreffen,
sich etwas zu verkrampfen beginnt.
Vom Himmel rieselt termingerecht der Frühlingsregen,
warm wie ungetrocknete Tränen eines vorigen Lebens.

Bestimmt hat sie ein Herz, hat zumindest
eines gehabt. Eng umschlossen
vom farbenprächtigen Gewand schlug es
in Erwartung von Seelenwanderung und Verhängnis
zu vorbestimmter Zeit.
Langsam schmolz es auf der bitteren Gallenseite,

so als hätte es niemals existiert.
Zusammengerollt liegt sie auf dem Kieselhaufen,
traurig, empört und voller Selbstvorwurf. Warum?
Die Gräser schütteln die Köpfe und bleiben indifferent.

Es war also ausreichend bewiesen, dass er oder sie, abgesehen von der Schüchternheit, ohne Makel war; eigentlich gar nicht ungesellig, wenngleich er/sie dazu neigt, allein zu leben. Selbst ein Jahr später dachte ich noch so. Nachdem allerdings ein weiterer langatmiger Zeitabschnitt vergangen war – vergleichbar dem, was über das unstete, dann wieder kräftige, aber immer beständige Sonnenlicht gesagt wird, das durch dichten Wald scheint, oder was im Hinblick auf diesen Himmelskörper gern mit übertriebenen Ausdrücken vorgebracht wird –, da wurde mir unvermittelt klar: Die Neigung zum Alleinsein kann doch ein Makel sein. Wie ich, im Rückblick auf die eigene Gemütsverfassung, zulassen konnte, dass sich ganz ohne mein Zutun ein Netz des Verdachtes spann, steht in der dritten Etüde.

Die Baumschatten waren dicht wie immer, die Sonnenstrahlen gebrochen, Vogelgezwitscher in der Ferne, dann Stille. Ich erwachte aus einer inhaltsleeren Traumwelt, wobei mein Körper unversehens in ein überraschend tiefes Tal stürzte, wie etwas, das man beiläufig wegwirft und das dann von selbst zu mir zurückkam.

Schlangen müssten eigentlich Zwitterwesen sein, was womöglich nicht ganz der Wahrheit entspricht – ich bin nicht in der Lage, das zu beurteilen, kann nur zwischen Ja und Nein den Kopf hin- und herwiegen wie die Silberfeder. Und wenn sie es tatsächlich wären? Diese edlen Zwitterwesen nötigen dem Menschen Bewunderung und Verehrung ab – genau wie die Engel. Mehr als eine Weltreligion schreibt der Schlange unzüchtige und bedrohliche Eigenschaften zu, und viele Menschen lassen sich davon beeinflussen. Doch selbst wer in ihr eine Verkörperung des Satans sieht, muss einräumen, dass dieser Satan ursprünglich ein gefallener Engel war. Demnach gehören Schlangen also zweifellos, ebenso wie Engel, zu den Zwitterwesen. Leider haben die Schlangen ihre Flügel verloren, während der Satan sie noch an den Schultern trägt.

Nach der Ansicht Dantes kann die Schlange nach Belieben entweder lebend gebären oder aber Eier legen. Damit steht sie fraglos auf einer höheren Stufe als die noch nicht gefallenen Engel. Ich glaube, dass Schlangen denken, abwägen und sich erinnern können, sobald die Liebe oder eine Entscheidung auf Leben und Tod sie dazu zwingt. Auch das Häuten ist nicht einfach ein Abwerfen der Haut, es ist vielmehr Ausdruck eines gemeinsamen Rituals dieser Gattung.

Ich habe dieses Thema einige Jahre später erneut aufgegriffen und mir im Rückblick meine Gedanken dazu gemacht. So musste sich zum Beispiel die Frau in der Legende von der Weißen Schlange gemäß den drei Lehren redlich bemühen, bis sie schließlich eine fühlende weibliche Menschengestalt annehmen konnte. Eine Tages, nach dem Weingenuss, enthüllte sie für einen Moment ihre wahre Gestalt; nur in diesem Augenblick war sie völlig sie selbst. Doch wer hätte gedacht, dass die Wahrheit sich als unerträglich erweisen würde? So sah sich diese vollkommene Bescheidenheit plötzlich mit der Geringschätzung der Menschen konfrontiert, ein Beweis dafür, dass die Wahrheit uns erschreckt, genau wie Schönheit uns erschrecken kann. Auch das fliegende Gelb und flüchtige Grün der Schlange, ihre lange, sich anmutig hebende und senkende Gestalt, sind Beweis für diesen Schrecken. Man kann also sagen: Schönheit und Wahrheit sind todbringend.

In jenem vergangenen Sommer vor der Holzhütte auf der Insel bewegte sich die Sonne vollkommen normal, so wie ich das aus der Erinnerung bereits ausschweifend geschildert habe. Unter ihrem gleißenden Licht versuchte ich, die verschiedenen literarischen Formen zu mischen, breitete Stück um Stück ein großes Tableau aus, vor dem Tänzer ihre Bewegungen darbieten konnten. Kurz gesagt: Von den tausendfachen goldenen Strahlen geblendet, konnte ich nichts anderes mehr sehen – aber vielleicht war die Vergangenheit ja die Zukunft, oder auch die Gegenwart – jedenfalls stellte ich mir vor, dass die Sonne gerade in ein scharfkantiges Sternzeichen des Tierkreises eintrat, ihren Winkel so geschickt eingestellt, das Licht präzise auf diese Bucht in unserer nördlichen Hemisphäre gerichtet hatte, dass sie für einen kurzen Moment diese bis ins Herz stechenden Farben hervorbringen konnte, so grell, so bunt, während ich auf einem flachen Stein am Strand lag, den Blick parallel zur Wasseroberfläche, wo alles andere sich hinter lauter Licht verbarg.

... hinterlässt es
nur vielschichtige Wellen,
die über der rasch dunkelnden Bucht schweben,
und spaltet das Geheimnis des Kosmos
in die sieben Grundfarben –
ein Augenblick von ausschweifender Schönheit.
Die Engel, die frei von Tradition, Disziplin und Regeln,
ohne feste Form und festen Ort,
das Horn blasen und singen, sie nötigen uns
durch ihr Zwitterdasein Respekt ab und erfreuen uns.

Dies handelt von der Begegnung mit der Schlange, oder besser gesagt, von jenem kurzen Moment, als er oder sie unerwartet mit mir zusammentraf und wir irgendwie aufeinander einwirkten. Diese Begegnung hatte mir Geist und Sinne verwirrt, und ihre Unausweichlichkeit peinigte mich bis zu dem Moment, wo ich sie in Form des Gedichtes wieder las und dann parallel dazu ein Prosastück schrieb, auf dass beide sich gegenseitig überzeugen, prüfen und harmonisch zusammenklingen konnten. So entstand im zurückblickenden Bewusstsein und unter dem Eindruck der eigenen Einbildung nach und nach dieser längere Text, in dem ich der Begegnung eine neue Struktur gegeben habe, um damit jener anderen Kunstform umso nachdrücklicheren Ausdruck zu verleihen.

Ich wollte zeigen, dass die körperliche Bewegung unseren Schriftsymbolen gleicht, dass Tanz und Dichtung derselben organischen Kreativität entspringen, der harmonischen Stimme der Natur. In beiden existieren gewisse Regeln, herrscht Disziplin, und mittels beider lassen sich die Grenzen von Zeit und Raum aufheben. Vor diesem erweiterten geistigen Horizont und im fast vollkommenen Regelwerk der Kunst finden Tanz und Dichtung Raum für Zwiesprache und erzeugen eine große, unerschöpfliche Kraft:

Himmel und Erde wie Häutungen.

2000

Die Schlangen – drei Etüden

1

Jemand fragt etwas und
wartet meine Antwort nicht ab,
sondern versteckt sich in der Tiefe
des stammelnden Waldes. Ich spähe
in alle vier Richtungen,
das Grün meines Herzens verblasst
im scheckigen Licht:
Himmel und Erde wie ein Zebra.

So stehe ich schweigend und denke,
dass seine Zweifel unvermeidlich, wenngleich
verboten sind. Aus einem Baumwipfel fällt
ein Blatt in e-Moll.
Es hat die Form von Lippen,
geschwungen und leicht geöffnet,
und schwebt in schwindelnder Pose
durch den hellsten der Lichtstreifen.
Mit leichtem Tremolo landet es
in perfekter Diagonale auf einem Spinnennetz.
Ein durchbrochener Strahl streift den Mundwinkel
und lässt ihn einen Moment lang
aufleuchten. Er war es, der sich
nach meinem Gedankengang erkundigt hat.
Er stammt von einer dieser kalten Nordinseln
mit ihren prächtigen Wäldern,
ein tragischer Dissident in des Waldes
düsterer Tiefe.
Er zieht es vor, allein zu leben.

Sein Farbton
fliegendes Gelb und flüchtiges Grün
wie der auf dem Rücken gebundene Gürtel
dreifarbiger Tang-Keramik.
Ein Gürtel, vom weiblichen Körper befreit,
der in jenem düsteren Jahr erwacht,
das auf das Drachenjahr folgt.
Das Augenpaar inspiziert im kalten Licht
der Glühwürmchen die eigene schlanke Gestalt
und wird von tiefem Staunen ergriffen:
»Schönheit, die aus der Urzeit kommt,
ist eine rätselhafte Erfahrung. Sie flößt Angst ein,
hat etwas Tückisches – doch das ist ein Missverständnis.«
Abgesehen von seiner Schüchternheit ist er ohne Fehl,
eigentlich nicht einmal ungesellig.

Obgleich er es vorzieht, allein zu leben.
Diesmal aber kriecht er zögernd zu mir heran,
wie ein Wasserfall rauschen die Gräser.
Dann nimmt er die Pose einer fliegenden Apsara an
und erstarrt zu einer Skulptur in historischem Stil.
Er scheint sich nach meinen Nöten zu erkundigen.
Während ich noch überlege,
fällt ein Blatt allegretto
sforzando. Er zuckt zurück und kehrt heim
in die Tiefe des Waldes – dieser tragische
Dissident.

2

Vielleicht hat sie ein Herz, die Gräser
schütteln die Köpfe und bleiben indifferent.
Hätte sie eines, so wäre es ohnehin kalt.
Ich folge ihr, als sie sich zurückzieht,
unter eine Klippe oder Ranke, wie ich vermute,
oder in einen Brunnen.
Auf einem Kieselhaufen, den manchmal
die Mittagssonne bescheint, liegt sie zusammengerollt,
traurig, empört und entmutigt.

An einem Ort, den niemand kennt,
macht sie sich Vorwürfe,
so liegt sie, den eiskalten Körper Schicht an Schicht,
Ring um Ring. Noch gelingt es ihr nicht,
die erstorbene Leidenschaft wieder zu entfachen.
Sie spürt vielmehr, wie an den Wirbeln hinter dem Kopf,
wo Verstand und Gefühl aufeinandertreffen,
sich etwas zu verkrampfen beginnt.
Vom Himmel rieselt termingerecht der Frühlingsregen,
warm, wie ungetrocknete Tränen eines vorigen Lebens.

Bestimmt hat sie ein Herz, hat zumindest
eines gehabt. Eng umschlossen
vom farbenprächtigen Gewand schlug es
in Erwartung von Seelenwanderung und Verhängnis
zu vorbestimmter Zeit.
Langsam schmolz es auf der bitteren Gallenseite,
so als hätte es niemals existiert.
Zusammengerollt liegt sie auf dem Kieselhaufen,
traurig, empört und voller Selbstvorwurf. Warum?
Die Gräser schütteln die Köpfe und bleiben indifferent.

3

So stelle ich mir das vor: Einfach dasitzen
auf der nach Norden geneigten Klippe dieses Gestirns
und die Wellen an die Felsen schlagen hören.
Ich stelle mir vor, dass Schlangen
zu den Zwitterwesen gehören, wie auch die Engel.
Aufblickend sehe ich schnell sich wandelnde,
vielfarbige Wolken, manche wie lachende Gesichter,
manche mit gerunzelten Brauen.
Ich glaube, dass es unter den Flügeltieren
einst Arten gab, die sowohl lebend gebären
als auch Eier legen konnten.
Zu ihnen müssen auch die Schlangen gezählt haben.

Noch vor der Herbstkühle paaren sie sich
zwanglos irgendwo in der taufeuchten Wildnis.
Das Männchen verlässt gleich darauf den Ort
des Geschehens, um nie zurückzukehren.
Wie aus faulendem Gras und Erde Schlamm wird
und aus Schlamm Glühwürmchen entstehen,
lässt er das Weibchen allein zurück,
unruhig, verzweifelt und ungewiss,
ob es diesmal Eier legen oder lebend gebären soll.
Ganz in Gedanken überlegt es
und versucht zu erinnern:
Wie oft habe ich mich in diesem Leben
schon schmerzlos gehäutet?
In der Höhle eines alten Baumes,
in einem Haufen welker Blätter, auf einem Speicher
oder unter dem Herd,
eingehüllt in Vogelgesang
habe ich im Frühlingswind das neue Kleid probiert:

»Schönheit ist eben unerschöpflich,
die Vorbilder liegen fest,
Muster und Farbe dürfen von den Richtlinien
der Vorfahren nicht abweichen.«
Schönheit ist ganz ohne Geschlechtsunterschied
bei den Schlangen, jenen, die einst Flügel hatten
und dann zu Kriechtieren wurden.

Und dennoch,
wird eine nachdenkliche Schlange
zwangsläufig Groll hegen.
Wenn das Abendrot sich
von der Wasserfläche zurückzieht,
hinterlässt es nur vielschichtige Wellen,
die über der rasch dunkelnden Bucht schweben,
und spaltet das Geheimnis des Kosmos
in die sieben Grundfarben –
ein Augenblick von ausschweifender Schönheit.
Die Engel, die frei von Tradition, Disziplin und Regeln,
ohne feste Form und festen Ort,
das Horn blasen und singen, sie nötigen uns
durch ihr Zwitterdasein Respekt ab und erfreuen uns.
Da erkennt das Weibchen,
dass das Verschwinden des Männchens
all ihre Verwandlungen bedeutungslos macht. Das alles
ist mir im Bett, kurz vor dem Einschlafen, klar geworden.
Himmel und Erde wie Häutungen.

Das Auf und Ab
des vergangenen Jahres

峥

嵘

Der vergangene Winter brachte viel Wind, Schnee und Eis, und die Blumen und Bäume im Garten sind erfroren oder haben zumindest schwer gelitten. Jetzt herrschen sonnige Frühlingstage, so als sei nichts gewesen, aber man hat die Kälte noch nicht vergessen. Was an Knospen überlebt hat, blüht jetzt auf, und die weißen Blüten machen einen glauben, es hätte erneut geschneit, auch wenn wir bereits April haben.

Auch in anderer Hinsicht war dies ein turbulenter Winter, während der Winterkälte kam eine schlechte Nachricht nach der anderen hereingeschneit: Nachrichten über Leute, die krank wurden, verschwanden oder im Zuchthaus landeten. Fassungslos und niedergeschlagen stand ich da und empfand eine bedrückende Unruhe. Wenn man in mein Alter kommt, sind einem solche Gefühle nicht fremd. Aber was mich früher mit Schrecken und Wut erfüllte, ruft heute nur diffusen Schmerz hervor; man möchte lieber nicht zugeben, wie einem zumute ist. Es ist, als wäre man allein unterwegs, während es zu regnen beginnt; man begegnet kaum jemandem und sagt zu sich selbst: Geh langsam. Geräuschlos läuft man eine kleine Gasse entlang, in der Stille sind durchdringende Nässe und Einsamkeit nur umso deutlicher zu spüren, doch zum Weglaufen oder Unterstellen reicht die Willenskraft nicht. In dieser Stimmung empfing ich die schlechten Nachrichten; mir fehlte es an Kraft, mich dagegen aufzulehnen oder zurückzuschlagen – was sollte ich auch tun?

Manchmal, wenn ich mittags das Postauto anhalten und wieder abfahren sehe, blicke ich in den grau verhangenen Himmel und denke, dass ich eigentlich die Post hereinholen und öffnen sollte. Aber gleich darauf erscheint mir das völlig sinnlos.

Vieles ist im vergangenen Jahr passiert, aber nun ist es zu Ende. »Aus Hengyang kam noch die Wildgans mit einer Nachricht, doch aus Chenyang nicht einmal die Spur einer Wildgans.«

Noch bevor das Jahr zu Ende ging, hatte man uns einen harten Winter vorhergesagt und uns ermahnt, entsprechende Vorbereitungen zu treffen. Halb zweifelnd, halb verwundert fragte ich mich, was wohl unter einem harten Winter zu verstehen sei; ich konnte mir darunter jedenfalls nichts vorstellen. Und schließlich hat der Wetterbericht ja seltener recht als unrecht. Dennoch haben wir den Kamin gesäubert und an der Gartenmauer unter den Bäumen zwei Stöße Feuerholz aufgeschichtet. Das Holz ist trocken, ich habe es im Laufe von zwei Jahren gesammelt. Und sollte es doch noch feucht sein, so kann ich es in der Garage ein wenig vortrocknen, bis es tatsächlich brauchbar ist. Weil ich sonst nichts anderes zu tun hatte, habe ich auch noch die Wasserrohre mit Lumpen und Plastiktüten umwickelt, damit die Leitungen nicht platzen. Dann war endgültig nichts mehr zu tun, und ich dachte an die Vergnügungen, die der Neuschnee bringen würde. Wir kauften unserem Sohn ein neues Paar Winterstiefel. Seine Füße sind beinahe schon so groß wie meine. Damit waren unsere Vorkehrungen abgeschlossen. Ich traf sie ein bisschen halbherzig, denn wer weiß schon, wie man sich gegen die Kälte wappnen soll. Vielleicht würde der Wetterbericht ja wieder einmal unrecht haben, und alles wäre umsonst gewesen.

Bald ist es Mitternacht und ich sitze noch immer am Fenster und lausche dem Rauschen des Windes, sonst ist alles ruhig. Durch die Schlitze der Jalousie fällt das Licht einer Gartenlampe, gebrochen von den Nadeln der Fichte; schwankende Schatten lassen mich bis ins Mark frösteln. Ich vertiefe mich wieder in meine Lektüre, den Briefwechsel zwischen *Su Dongpo* und *Qin Shaoyou*. Su Dongpo schrieb in einem Antwortbrief an seinen Dichterkollegen: »Es ist bereits tiefe Nacht, ich bin müde und schreibe heute nur kurz.« Und in einem anderen Brief: »Gestern habe ich mit Gästen getrunken und anschließend unter der Lampe einen Brief an *Li Duanshu* geschrieben, einen weiteren an *Taixu*. Heute schaute ich mir beide Briefe noch einmal an; der an Duanshu war noch einigermaßen ordentlich, aber der an Taixu ist ziemlich wirr geraten, man merkt ihm an, wie betrunken ich gestern Abend war. Zunächst wollte ich ihn noch einmal schreiben, doch dann dachte ich: Soll Taixu, tausend *Li* entfernt, ruhig sehen, wie betrunken ich war, und über mich lachen. Schicke mir, wenn du Zeit hast, ein paar Worte, das würde mich in meiner Einsamkeit sehr trösten. Mehr brauche ich nicht zu sagen.« In einem weiteren Brief heißt es: »Wir, die wir durch das Alter geschwächt sind, müssen jetzt besser auf uns achtgeben als früher, und du tätest gut daran, dem Rat der taoistischen Meister zu folgen. Seit meiner Strafversetzung habe ich nichts zu tun und bereits einige ihrer Werke studiert. Auch hat mir der Tianqing-Tempel Räume überlassen, in die ich mich nach der Wintersonnenwende für neunundvierzig Tage zurückziehen werde. Wäre ich nicht strafversetzt, wie könnte ich mich da zurückziehen?«

Von der Müdigkeit, über das betrunkene Briefschreiben bis zu Rückzug und innerer Einkehr kann ich das alles bestens nachvollziehen, mit einem verständnisinnigen Lächeln blicke ich von meiner Lektüre auf. Draußen ist es heller geworden. Es sind die Schneeflocken, die jetzt stetig fallen und im Licht der Gartenlampe tanzen.

Tatsächlich, es schneit, sage ich mir; hatte der Wetterbericht diesmal also doch recht.

Mein Herz schwankt zwischen Freude und Unmut, und sofort stellen sich unnötige Sorgen ein. Ich betrachte die Welt außerhalb des Lichtkegels und kann dort Abertausende von Schneeflocken fallen sehen; ununterbrochen, still und doch geräuschvoll schweben sie herab, so ernsthaft und sanft. Draußen muss es ziemlich windig sein, denn der Schnee wird ständig an den Straßenrand geweht, mal nach links und mal nach rechts treibt ihn der Wind vor sich her wie tanzende Geister, die sich so behände in der Hüfte wiegen, als folgten sie einer Musik. Oder ist es das Tremolieren einer Melodie, was ich da sehe? Ich kann es nicht genauer beschreiben, es geht zu schnell, als dass ich mit den Augen folgen könnte, und ich verliere mich in dem Anblick. Aber plötzlich stiebt der Schnee auseinander, die lebhafte Szenerie wird gestört und löst sich in immer neue Wirbel auf, bis sich schließlich der alte Rhythmus wie von selbst wieder einstellt.

Als ich am nächsten Tag erwache, kann ich mich vage erinnern, erst nach Mitternacht ins Bett gegangen zu sein. Beim Einschlafen dachte ich an den Schnee und an den Tanz der Geister. Dann wanderten meine Gedanken zu der Frage, wie der Wetterbericht gemacht wird. Erst neulich habe ich gehört, dass ein Wetterbeobachtungssatellit aus unbekannten Gründen ausfiel, weshalb jetzt keine Daten aus großer Distanz mehr verfügbar und die Wetterprognosen weniger zuverlässig sind, da sie sich nur auf Daten aus der näheren Umgebung stützen.

Für die amerikanischen Steppenwölfe muss dieser Wintereinbruch ein schwerer Schlag sein. Wo sollen sie in dem hohen Schnee ihr Futter finden? In dem Jahr, als wir hier ankamen, war die Universität sogar einmal wegen Schneefall für zwei Tage geschlossen. Vielleicht fällt ja morgen der Unterricht aus. Jetzt, wo unser Sohn neue Stiefel hat, frage ich mich, ob ihm wohl seine Handschuhe noch passen? Wenn die Füße wachsen, müssten die Hände eigentlich entsprechend mitwachsen, sonst sähe das lächerlich aus. Die Hände sollten aber wiederum nicht zu groß sein, denn große Hände eignen sich nicht zum Geigenspiel, beim Basketball allerdings sind sie von Vorteil. Was mache ich mir da für unsinnige Gedanken! Wenn er Stiefel, Handschuhe und eine Mütze hat, kann er zum Schlittenfahren gehen oder einen Schneemann bauen, das sind die Vergnügungen des Winters.

Plötzlich geht im Nachbargarten eine Lampe an. Vermutlich ist die alte Dame von nebenan aufgestanden, um nach ihrem kleinen Hund zu sehen, und hat festgestellt, dass es schneit. Sie hat nur kurz die Lampe im Garten angemacht und sie dann wieder ausgeschaltet. Ihr Mann ist vor zwei Monaten gestorben, und nach der Beerdigung hat sie sich das Hündchen ins Haus geholt. Trotzdem wirkt ihr Heim weiterhin kalt und traurig, aus dem Swimmingpool steigt eisiger Dunst. Sicher ist schon eine Menge Schnee hineingefallen. Endlich schlafe ich ein.

Draußen scheint grell die Sonne, die Schneedecke ist dick und fest, und die fernen Cascade Mountains haben im Morgenlicht einen unwirklichen, kräftigen Farbton angenommen, der an dunkles Moos erinnert – ferne Berge im tiefen Winter. Entlang des Seeufers erhebt sich das Vorgebirge, dort ist die dicke Schneedecke über dem verschnei-

171

ten Wald deutlich zu erkennen, sie drückt die Äste herab und sieht so schön aus, dass meine Augen es kaum fassen können. Die Zwischenräume, durch die man eine Ansammlung von Häusern erkennen kann, erinnern an Hundezähne. Die roten Dächer und lackierten Holzfassaden zeichnen sich deutlich vor dem Weiß ab, man kann sogar den Rauch erkennen, der ruhig und friedlich aus den Kaminen aufsteigt. Der graugrüne Rauch steigt hoch, so ruhig und friedlich, und zieht dann den Hang hinab, wo er als unentschlossene Dunstglocke hängen bleibt, bis von irgendwo aus dem Weltraum eine Brise kommt und die ruhigen, friedlichen Rauchschwaden auseinandertreibt. Rasch verziehen sie sich noch weiter zum See hinunter, wo es noch grün ist. Kalt, sauber und glatt liegt er da und scheint sich ins Unendliche zu dehnen. Ich kneife meine Augen zusammen, bis die Pupillen schmerzen, als wehte mir ein eisiger Wind entgegen, dabei ist der See mehrere Bogenschüsse entfernt. Von links nach rechts durchschneidet eine gleißende Welle die glänzende Welt in meinem Blickfeld. Doch sie bewegt sich nicht, vielleicht weil der See bereits zugefroren ist, aber eigentlich kann das nicht sein. Es sieht aus wie im Hochsommer, wenn die Boote langsam über die Mitte des Sees gleiten und eine prachtvolle Bugwelle hinterlassen, die sich schaukelnd ausbreitet und dann wie eine verklingende Melodie in der prallen Sonne verebbt.

Es erinnert aber auch an den hohen Himmel im Herbst, wenn man durch die Äste der Bäume, die bereits einige ihrer roten Blätter verloren haben, ein Militärflugzeug erkennen kann, das stetig auf ein unbekanntes Ziel zufliegt. Sein hohes Pfeifen hallt im Himmel wider und klingt so, wie man sich den Gesang eines Phönixpärchens vorstellt. Immer weiter rast das Flugzeug und hinterlässt einen klar umrissenen, feinen Streifen, der sich von Nordosten nach

Südwesten spannt und zuletzt im tiefen Blau verschwindet. Unverändert bleibt der herbstliche Himmel zurück, als sei nichts gewesen. Das alles erscheint mir real und unwirklich zugleich, nur die gleißende Welle in der Mitte des Sees ist noch da.

Die dunkle Kiefer in meinem Garten hat vorsichtig ihr Schneekleid abgeschüttelt, und der Buchsbaum daneben schwankt verhalten, so als fürchte er, das Kunstwerk der vergangenen Nacht zu zerstören; der Wind bläst, ich kann aber nicht sagen woher. Er fährt in die lichtdurchfluteten Zwischenräume, prallt gegen die Vorder- und Rückseiten der Bäume, die erschauern wie von einem unterdrückten Lachen. Die Bäume und ich, wir kennen uns schon viele Jahre und wissen um unsere Gedanken; ich kann gut verstehen, warum sie sich ihr Lachen verkneifen. Sie blicken zu Boden, denn wir haben eine Verabredung getroffen: »An der *Tongtuo-Straße* werden wir uns in dreitausend Jahren wiedertreffen und uns lächelnd die Hände schütteln.«

Unter dem Baum fährt ein Schlitten vorbei, schon von Weitem erkenne ich die Farbe von Jacke und Mütze, mein Sohn muss von rechts kommend den Hang hinuntergesaust sein, vorbei an der alten Kiefer und am Buchsbaum schießt er hinunter, legt sich in die Kurve, fällt in den Neuschnee, immer wieder kommt er in mein Blickfeld und verschwindet, hinter ihm wirbelt Schnee im Sonnenlicht auf. Ein gelber Hund kommt angelaufen, ausgelassen tollt er in großen Sätzen durch den Schnee und hinterlässt tiefe Kuhlen. Ein Mann folgt ihm mit vorsichtig tastenden Schritten, er ist so dick angezogen, dass er sich kaum bewegen kann. Ich halte Ausschau nach meinem Sohn und seinem kleinen Schlitten, kann sie aber nicht mehr sehen, auch der gelbe Hund und sein eingemummtes Herrchen sind verschwunden.

An den Tagen darauf hatten wir Türen und Fenster fest geschlossen und saßen um den warmen Ofen. Mit jedem Tag wurde die Schneedecke fester, und die Straßen waren vereist. Tagsüber konnten wir die Leute draußen reden hören, der Atem stand ihnen als Hauch vor den Mündern, sodass sie aussahen wir Geister, die Wolken und Nebel verspeisen. Sie hatten die Schultern hochgezogen und gingen schnell vorbei. Er war wirklich bitter kalt, der vergangene Winter. Lange bin ich nicht mehr im Garten hinter dem Haus gewesen und schaue besorgt hinaus, wo immer wieder Dachlawinen in die Mitte des Gartens fallen; jedes Mal, wenn eine niedergeht, zucke ich erschreckt zusammen.

Beim Weiterlesen merke ich, dass meine Brillengläser gegen die Kurzsichtigkeit nicht mehr stark genug sind. Ich nehme die Brille ab und beuge mich ins Schneelicht – das Abbild eines gutmütigen alten Mannes; es ist mir fast ein wenig peinlich, aber was soll ich machen. Der Bambus hat den Kopf gesenkt und zittert im kalten Wind, seine Blätter haben eine kränklich gelbe Farbe angenommen, nicht mehr das Jadegrün des vergangenen Sommers, das bereitet mir Sorge. Ich blättere die Seite um, meine Augen sind müde.

Die Schneehaufen im Garten machen keine Anstalten zu schmelzen. In der Regenrinne liegt ein erschöpfter weißer Drache, unentschlossen, ob er sich fallen lassen soll. Die Sonne zeigt sich nicht, doch es ist auch nicht kalt genug, dass sich Eiszapfen bilden. Wenn das so weitergeht, werden Gräser und Bäume diesen Winter nicht überleben, und die Eichhörnchen werden in ihren Baumhöhlen erfrieren. Wenn endlich der Frühling kommt, wird die Gegend trostlos und öde sein.

Ich gieße Wasser in die Teekanne und lege ein Holzscheit nach. Draußen fährt das Postauto vor. Ich will meine Jacke anziehen und die Post hereinholen, aber wozu?

Möglicherweise schreibt mir ja jemand: »Es ist bereits tiefe Nacht, ich bin müde und schreibe heute nur kurz« oder: »Schicke mir, wenn du Zeit hast, ein paar Worte, das würde mich in meiner Einsamkeit sehr trösten. Mehr brauche ich nicht zu sagen.« Ich sollte wirklich die Jacke anziehen und hinausgehen. Ich bin ja nicht strafversetzt, wieso soll ich mich also zurückziehen?

1989

Das Kind,
das ich war

看見那兒童原來正是我

Vor einigen Jahren wohnte ich außerhalb von *Nangang*. Auf dem Weg zu meinem Büro in der Akademie kam ich jedes Mal an einer Blumenrabatte mit ein paar Cyca-Palmen vorbei und mir fiel auf, dass sie in letzter Zeit immer kränklicher aussahen und mit einer Schicht aus teilnahmslosem weißen Pulver bedeckt waren. Schließlich erfuhr ich, dass es sich um starken Insektenbefall handelte, der diese Art von Palmfarnen in Taiwan demnächst womöglich endgültig ausrotten würde. Immer wieder blieb ich auf dem Gehweg stehen und schaute sie mir voller Bedauern von Weitem an. In der warmen Wintersonne war nicht zu erkennen, dass sich winzige Insekten auf den Palmwedeln bewegten, dennoch musste ich an ihre Existenz glauben, ja ich wusste sogar, dass sie sich vom Wind weitertragen lassen und auf diese Weise weitere Pflanzen befallen. Zugleich war mir jedoch klar, dass man die Sache auch anders betrachten konnte, so wie in einem Gedicht von *Su Dongpo*, wo es heißt: »Wenn im Herbst die Reisgarben geschnitten werden, dann beginnen die Frösche zu quaken; wenn die Trauerweide vor Altersschwäche zerbricht, treiben neue Blätter aus, aber die Insekten nagen ihre Schriftzeichen hinein.«

Pflanzen können sich gegen Krankheit und Alter nicht wehren, das machen sich die Insekten zunutze und beißen Löcher in ihre Blätter, die wie Schriftzeichen aussehen. Dergleichen Belehrungen haben uns die Alten gerne hinterlassen. Ich habe mir die Insekten, die solche Palmen befallen, daraufhin in Büchern angesehen und erfahren, dass es männliche und weibliche Exemplare gibt. Mit meinen vom Alter geschwächten Augen musste ich sehr nahe herangehen, aber trotz genauem Hinsehen sah ich nur die bedauernswerte, täglich schwächer werdende Pflanze, die von einem weißen Pulver überzogen schien.

Eines Nachmittags wartete ich an der Ampel, bis es Grün wurde. Eben war die Schulglocke verklungen, da kam auch schon eine Schar Kinder herausgerannt, die mit mir zusammen auf die kranken Palmen zuging; überall flatterten ihre bunten Wimpel. Plötzlich blieb eines der Kinder stehen, trat einen Schritt zurück und hockte sich, wie gebannt auf den Boden starrend, hin; ein paar andere taten es ihm nach, und bald hatte sich ein Kreis gebildet, in dem alle schweigend auf den Boden blickten, als ob es da etwas Überraschendes zu erforschen gäbe. Ich ließ mich von ihnen anstecken, beugte mich ebenfalls hinunter und inspizierte neugierig den Boden. Ich konnte mir nicht vorstellen, was es auf dem Asphalt des Gehwegs so Interessantes zu sehen geben könnte, das den Mittelpunkt von so viel jugendlicher und betagter Aufmerksamkeit bildete. Mein weißhaariger Kopf kam ihrem Kreis so nahe, dass ich den Geruch der verschwitzten Nacken wahrnahm, der von den Kindern ausging und sich unter der alten Sonne des späten Nachmittags verbreitete. Undeutlich gewahrte ich eine kleine, fest an den Boden gepresste, aus Versehen dort gelandete Schildlaus.

Wenn ich an diese Begebenheit zurückdenke, freue ich mich zunächst darüber, dass sich mir, der ich normalerweise kaum noch Neugier entwickle, im rechten Moment Herz und Geist öffneten und ich ein natürliches Interesse zeigen, die Herausforderung von etwas Fremdem, Rätselhaftem annehmen konnte. Wenn die spontane Neugier erloschen wäre, so überlegte ich, dann würde ich mich zurückziehen und bei passender Gelegenheit eine Erklärung für diese Erfahrung finden; wenn nämlich Herz und Geist so rein, ja fast transparent bleiben, kann das Aufnehmen und wieder Abgeben eines Eindrucks das Ich nicht tangieren; ich bliebe dabei stets ich selbst.

Laut William Wordsworth entsteht Kreativität aus Natürlichkeit, Reinheit und Neugier; diese Wesensmerkmale sind uns angeboren und wachsen mit uns, zugleich sind sie mit dem Kosmos und seinen Wandlungen verbunden, ein ewiges Nehmen und Geben, ein Trennen und Wiedervereinen. Idealerweise dauert die daraus entspringende, unendliche Kraft an, bis der Körper alt und verbraucht ist.

Doch der Dichter musste eines Tages selbst feststellen, dass dem leider nicht so war, dass nach der ersten Hälfte eines Lebens voller Natürlichkeit, Reinheit und Neugier seine schöpferische Kraft mit einem Mal versiegte. Seine Gottsuche war umsonst gewesen, sein Wunderglaube erloschen, ja selbst das System der belebten Natur, das für ihn immer symbolhaft gewesen war, brach auseinander. Und so flüchtete er sich in Kindheitserinnerungen, weil er hoffte, dort den ewigen Glorienschein wiederzufinden, aber auch diese erwiesen sich als leer und bedeutungslos. Es ist kaum vorstellbar, dass für Wordsworth die Geburt bereits den Anfang von Schlaf und Vergessen bedeutete; dass bereits im Säugling die Kenntnis um das vorige Leben zu verblassen beginnt und nur einige Erinnerungsfetzen, die in der Kindheit noch aufscheinen, es erlauben, mit der Gottheit und der mystischen Welt in Kontakt zu treten. Weil das Leben aber weitergeht, weil der Körper wächst und sich mit neuen Eindrücken füllt, verliert er das Wissen um sein voriges Leben und hat damit auch seine Unschuld verloren.

Die Seele, die aufgeht mit uns, die unsres Lebens Stern,
ein anderes Zuhaus hat sie besessen und kommt daher
von fern.[1]

Natürlich sorgt sich ein Dichter um das Auf und Ab seiner Schaffenskraft. Als Wordsworth jedoch jenes Bedauern und jene Orientierungslosigkeit empfand, war er noch keine vierzig. Merkwürdig ist, dass er die Intuition und seine schöpferische Unschuld so früh schon verloren hat, und in dieser Schaffenskrise versuchte er, durch Rückbesinnung auf die Kindheit den Weg in die Ewigkeit zu finden. Er hat über viele Umwege durch Selbstoffenbarung und klangvolle Wörter versucht, seiner Schaffenskraft eine neue Zukunft zu eröffnen.

Mir hüpft das Herz, seh ich im Blau
den Regenbogen stehn[2]

So reagiert man am Anfang des Lebens, in der Kindheit, und hofft, sich diese Haltung bis ins hohe Alter bewahren zu können, andernfalls wäre es wohl besser, gleich zu sterben. An dieses früh empfundenen Gefühl von Glaube, Liebe und Hoffnung möchte der Dichter anknüpfen, denn im Gedicht heißt es: »Das Kind ist Vater doch dem Mann.«[3] Diese kindlichen Züge bestimmen das Benehmen und die Haltung der Erwachsenen, sie formen unsere Gegenwart und Zukunft. Aber er wird auch von seiner Umgebung beeinflusst und setzt – bewusst oder unbewusst – Maßstäbe für das Denken anderer.

Ich blickte auf und betrachtete noch einmal die kranke Palme. Ob die Schildläuse nun als Individuen existieren oder nicht, so sind sie trotz ihrer Winzigkeit dennoch Lebewesen, die eines Tages sterben, und nicht bloß weißes

Pulver. Über diese simple Feststellung war ich sehr zufrieden, nicht nur, weil ich diesen Tierchen nahekam und feststellte, wie klein und unbedeutend sie waren, sondern es gab noch einen anderen Grund, der mir das Herz hüpfen ließ. An jenem Nachmittag in der warmen Wintersonne hatte ich eine tote Schildlaus entdeckt, es hätten auch ein paar Chromosomen oder eine Zelle sein können, die Bedeutung wäre dieselbe geblieben. Man könnte allerdings auch behaupten, diese Angelegenheit sei völlig bedeutungslos. Wichtig war allein der Vorgang des Sehens und die Umstände, die mich dorthin geführt haben, der lebhafte Prozess der Anschauung, der meine schwerfälligen Nerven so direkt und unmittelbar ansprach und meine Neugier entfachte. Als ich die auf den Boden starrenden Kinder sah, wollte ich es ihnen unwillkürlich nachtun und sehen, was es da – tot oder lebendig – zu entdecken gab und in welch großartigem, mystischen Ereignis sich uns der Kosmos offenbarte. Im Grunde hätte ich wissen müssen, dass es so etwas eigentlich nicht gibt. Und doch verstand ich, dass dieser ganze Vorgang, wenn er denn überhaupt von Bedeutung war, einzig darin bestand, mir zu zeigen, dass meine kindliche Neugier noch nicht völlig versiegt ist und die Erinnerungen des Kindes noch immer aufscheinen, dass es sich lohnt, wenn Intuition und kindliche Unschuld sich aneinander reiben und dadurch neue Erkenntnis entstehen lassen. Das ist alles.

Es könnte aber auch sein, dass es dieser Umstände gar nicht bedurft hätte, um mein Gefühl tiefen Schlafes, meine erschöpfte Vorstellungskraft und schwindende Neugier anzuregen, dass die Begegnung mit den Kindern im Grunde überflüssig war. Bin ich denn nicht selbst in der Lage, meine Schritte zu lenken und zu entscheiden, ob ich plötzlich auftauchende Gedanken bei mir behalte oder verwerfe? Es wäre immerhin denkbar, dass ich im geeigneten Moment unter der sinkenden Nachmittagssonne in ruhiger Umgebung wegen einem beinahe nicht existenten weißen Punkt auf dem Gehweg stehengeblieben wäre, mich gebückt und eine Erscheinung beobachtet hätte, die ich im letzten oder auch in diesem Leben längst vergessen hatte, die unerreichbar fern, dennoch mein Herz und meinen Geist angerührt und von Neuem erschüttert hätte – als ich die Schildlaus sah, habe ich zugleich mich selbst gesehen.

Bei Samuel Taylor Coleridge heißt es in dem Sonett über die Nachricht von der Geburt seines Kindes:

Oft o'er my brain does that strange fancy roll
Which makes the present (while the flesh doth last)
Seem a mere semblance of some unknown past.
Mixed with such feelings, as perplex the soul
Self-questioned in her sleep; and some have said
We lived, ere yet this robe of flesh we wore.

Demnach hat sich alles, was gerade geschieht, früher schon einmal ereignet und wird sich in Zukunft zweifellos wiederholen.

Wenn keiner dieser Schüler sich gebückt, die anderen animiert und ihre Aufmerksamkeit auf etwas Unbekanntes gelenkt hätte, das sie daraufhin intensiv studierten, so hätte wohl auch ich mich niemals hinuntergebeugt, um genauer hinzusehen, und meine Neugier und Vorstellungskraft wären nicht geweckt worden. Selbst wenn ich behaupte, dass ich nicht von anderen inspiriert wurde und dass das alles mit den Kindern nichts zu tun hätte, so habe ich doch in ihnen mein früheres Selbst erkannt und muss einräumen, dass hier ein innerer Zusammenhang besteht. Ich habe ein schlechtes Gewissen, wenn ich den Kindern, die für dieses

Geschehen so wichtig waren, nur eine Nebenrolle in dem Drama zuweise, denn ich kann nicht umhin, zuzugeben, dass ich erst, nachdem die Kinder sich gebückt hatten, dorthin geschaut habe. Doch nach anfänglicher Verwirrung habe ich schließlich erkannt, dass das Kind, das sich als Erstes bückte, ich selbst war.

2006

1   William Wordsworth (1770 - 1850): Auswahl aus seinem Werk:
    Englisch und Deutsch; übertragen v. Dietrich H. Fischer;
    www.william-wordsworth.de

2   William Wordsworth, in: Englische und amerikanische Dichtung, Bd. 2;
    hrsg. von W. v. Koppenfels und M. Pfister. dtv, München 2001, S. 229

3   ebd.

Die Schildlaus

1

Die Cyca-Palme steht reglos,
hält im sanften Wind den Atem an,
die Unkräuter eines warmen Winters
schmiegen sich an die Einfassung und
erblühen im Tumult. Ich gehe mit langsamen,
gemessenen Schritten,
während die großartige Abenddämmerung
hinter dem Wald Gestalt annimmt –
ein schweigsamer, aber wehrhafter Forscher
in der Halle der Akademie,
um die Sechzig
und in fortgeschrittenem Dienstalter.

2

Eine kleine graue Motte müht sich noch
in der Erde durch das letzte Stadium
eines vorigen Lebens voll überholter Gerüchte,
bevor sie sich verwandelt.
Am Ende der Straße erheben sich
die hoch aufragenden Berge in kränklich gelber Farbe.
Ich verharre und lausche dem Glockenton,
der in Formation über meinen Kopf hinwegfliegt
und dann einzeln nachhallt.

3

Wie ein regelmäßiger Herzschlag,
gebrochen im schrägen Sonnenlicht,
drängt er voran: Das Wellental, hell und klar,
drückt unter der Metallnadel des EKGs Gefühl aus.
Doch der momentane, flüchtige Glockenton
ist allenfalls ein schwaches Echo
jener Töne, die in meiner Erinnerung nachklingen.
Vielleicht nicht einmal das.

4

Diesmal hat der reale Kontakt
keine Wechselwirkung
zwischen Metall und menschlichem Körper ausgelöst,
es sei denn, sie versteckte sich
in den herabhängenden Blättern der Bäume.
In jenem geistesabwesenden Moment
überflutet mich die Schallwelle
entlang unzähliger Lichtstrahlen, und ich sehe,
wie Kinder in Gruppen aus dem Schultor drängen.

5

Ich verlangsame den Schritt, vernehme seinen Nachklang
durch die Farben ihrer flatternden Wimpel hindurch.
Sie rennen nach links und rechts,
vor sich einen letzten Rest Sonnenschein.
Da bleibt plötzlich einer stehen,
bückt sich und starrt auf den Boden.
Die anderen Jungen tun es ihm nach,
hocken sich hin
und bilden mit angehaltenem Atem einen Kreis.

6

Eine großartige Entdeckung,
die erst im zögerlichen Anfang
unseres an Schwierigkeiten
reichen Jahrhunderts gemacht wurde,
unwillkürlich beuge auch ich den Kopf,
nehme an der Beobachtung teil und prüfe
in der sanften Brise dieses naturwissenschaftliche
und humanistische Omen.
Wie auf einen Brennpunkt sind unser aller Augen
auf einen Fleck am Boden gerichtet,
auf ein weibliches Exemplar der Cyca-Schildlaus.

Über Yang Mu

Pinselnotizen, ein Gattungsbegriff, der mit unserem Essay im anglo-amerikanischen Sinne nur unzureichend wiedergegeben wäre, sind in China eine traditionsreiche Form. Die auf der Bruchlinie zwischen Literatur und Leben angesiedelten Texte können Selbstaussage und Werkkommentar, Reise-Impressionen oder philosophische Betrachtungen sein. In solchen Miniaturen wird Beiläufiges zu tiefer Einsicht verdichtet, werden alltägliche Betrachtungen mit neuer Bedeutung aufgeladen.

DIE SPINNE, DAS SILBERFISCHCHEN UND ICH stellt zwölf solcher Pinselnotizen des taiwanischen Dichters Yang Mu vor, der neben seinen zahlreichen Lyrikbänden auch dieser Form einige Bände gewidmet hat. Die Prosastücke entstammen verschiedenen Essaysammlungen und sehr unterschiedlichen Lebensphasen, sie schlagen einen biographisch-geographischen Bogen von der Kindheit in Taiwan über die Studienjahre in den USA, Reiseerfahrungen auf dem chinesischen Festland, einer Gastprofessur in Hongkong und schließlich dem neuen Zuhause an der amerikanischen Pazifikküste in Seattle. Dabei deckt sich die erzählte Zeit nicht immer mit der Entstehungszeit der Texte, viele sind aus der Rückschau geschrieben.

Yang Mu, der eigentlich Wang Jingxian heißt, wurde 1940 an Taiwans Ostküste in der Hafenstadt Hualian als eines von sechs Geschwistern geboren. In der väterlichen Druckerei war er von klein auf von Druckerzeugnissen umgeben, die Mutter hat seine frühen literarischen Versuche und künstlerischen Ambitionen stets gefördert und unterstützt. Bereits als Fünfzehnjähriger schrieb und veröffentlichte er Gedichte, die erste Gedichtsammlung erschien 1960 unter dem Pseudonym Ye Shan.

In »Ursprung der Poesie« schildert er zwei seiner frühen Erweckungserlebnisse; das Erdbeben, in dem das Bewusstsein des Kindes im wahrsten Sinne des Wortes wachgerüttelt wird, und die Sichtbarwerdung des schöpferischen Prozesses bei der Arbeit eines lokalen Figurenschnitzers, unter dessen Händen sich ein Holzklotz in ein Kunstwerk, eine Götterfigur, verwandelt. Yang Mus poetisches Universum kommt ohne Götter aus, doch er betont das den Menschen universale Bedürfnis nach dem Mythos. Hier liegt für ihn der Ursprung der Poesie, sie ist die Darstellung und Ausdeutung des Mythos.

Das Stück »Weiße Novemberblüten« führt uns noch weiter zurück in die Kindheit des Autors, in die Zeit der japanischen Besatzung und des zweiten Weltkriegs, als amerikanische Flugzeuge die Insel überflogen. Darin hat er seiner aufopferungsvollen Mutter, zu der er immer eine besonders enge Verbindung hatte, ein literarisches Denkmal gesetzt.

»Blauer Rauch über Smaragdgrün« zeigt ihn als schüchternen, verschlossenen Jugendlichen, der das Studium an der Donghai-Universität in Taizhong (ebenfalls Mitteltaiwan, jedoch an der Westküste gelegen) aufnimmt, zuvor aber noch einen Besuch bei den Ahnengräbern macht. Durch die Augen des Heranwachsenden gewährt Yang Mu dem Leser Einblick in ein typisch taiwanisches Milieu jener Zeit, skurrile Figuren wie der Onkel Alter Knabe, der durch seine konspirative Kung-Fu-Praxis (unter japanischer Besatzung war das Praktizieren von Kampfsport untersagt), die allgemeine Bekanntheit und die Schlichtertätigkeit in die Nähe der Geheimgesellschaften gerückt wird. Gleichwohl beeindruckt er den Neffen durch die Abgeklärtheit und Gelassenheit eines Gelehrten.

In »Aufzeichnungen über ein Tal«, der Form nach eine Parodie auf gängige Reisereportagen, kehrt der Autor schließlich als Erwachsener in seine osttaiwanische Heimat zurück. Die üppige Vegetation dieses zum Teil von ethnischen Minderheiten austronesischen Ursprungs bewohnten Tals durchwandert der Autor zugleich als Fremder und als Einheimischer.

Ende der 1960er-Jahre begegnen wir ihm als Doktorand in Berkeley. Nach einem ersten akademischen Abschluss an der Donghai-Universität in Taizhong war Yang Mu nach Iowa gegangen, wo er die Magisterprüfung ablegte, um anschließend in Berkeley im Fach Komparatistik bei Professor Chen Shixiang zu promovieren. Hier lebt er in einer Bücherwelt, sein Tagesablauf wird von Bibliotheksaufenthalten und Besuchen in Buchhandlungen und Antiquariaten bestimmt. Während draußen die Anti-Vietnam-Demonstrationen und Studentenunruhen toben – wir schreiben das Jahr 1968 –, sitzt er in einer Festung aus Büchern, bewacht und beschützt von wehrhaften Bibliothekaren und Penaten, den Schutzgöttern auf dem Figurenfries des Gebäudes gegenüber. Hier kann er seinen vielfältigen Interessen nachgehen, als Gefährten hat er nur Insekten, die sich vor dem drohenden Winter ebenfalls in die Bücherfestung zurückgezogen haben – auch dies ein literarischer Hinweis auf das BUCH DER LIEDER, jenem bedeutsamen Schatz chinesischer Dichtung aus dem 12. bis 7. vorchristlichen Jahrhundert, von dem er sich inspirieren ließ.

Als Yang Mu sich im Studium von Latein, Griechisch, Altenglisch, Deutsch und Japanisch zu verzetteln drohte, war es sein Doktorvater Chen Shixiang, der ihn immer wieder auf seine literarischen Wurzeln in der archaischen chinesischen Dichtung und der klassischen Lyrik eines Du Fu und Su Dongpo hinwies und zum kreativen Schreiben ermutigte. Ihm hat Yang Mu aus Anlass des zehnten Todestages in dem Reisebericht »Norden« seinen literarischen Dank abgestattet. Es war die erste und bislang einzige Reise des Autors in die Volksrepublik. Sie führte ihn 1981 nach Peking und in die Provinz Hebei, ins Kernland der chinesischen Literatur. Im Norden lagen zur Zeit der Streitenden Reiche (475-221 v. Chr., also vor der Reichseinigung) die für ihre Tapferkeit und Wehrhaftigkeit berühmten Königtümer Yan und Zhao, hier markierte die imposante Wehranlage der Großen Mauer die Grenze der zivilisierten Welt. Yang Mu stellt sich dabei in die Tradition der aus dem Süden kommenden Nordlandreisenden, die es nicht immer freiwillig in diese Gegend verschlug. So trieben wirtschaftliche Not und politische Unruhen den Tang-Dichter Du Fu (712-770) dorthin, und er brachte im Zyklus der Qinzhou-Gedichte seine »Schwermut am Pass« zum Ausdruck. Du Fus Gedichte sind geprägt von Wehmut und Fremdheitsgefühlen, wie sie auch Yang Mu während der Reise empfindet. Zugleich fühlt er sich abgestoßen vom gleichmacherischen kommunistischen System, das sich künstlerisches Schaffen dienstbar macht und auch die Wissenschaft mit dem Einheitsgrau der Gleichschaltung überzieht.

Doch damit nicht genug an literarischer Referenz. Mit dem Gelehrten und Kaisertreuen Wang Guowei (1877-1927), der sich wegen des Niedergangs der traditionellen Kultur im Kunming-See des Sommerpalasts ertränkte, und sein um ihn trauernder Freund, Gelehrter und Sprachgenie Chen Yinke (1890-1969), der während der Kulturrevolution zu Tode kam, ruft er zwei chinesische Geistesgrößen auf, die an politischen Systemen zerbrachen.

Die letzte literarische Referenz gilt dem Lyriker Ai Qing (1910-1996, Vater des international bekannten Künstlers Ai Weiwei), der 1938 ein Gedicht mit dem Titel »Der Norden« schrieb. Darin heißt es: »Der Norden ist trostlos«, und er erinnerte damit an den 1912 in Liaoning geborenen Duanmu Hongliang. Diese dichte intertextuelle Traditionslinie der Nordlandgedichte macht auch den selbstironischen, an den Lehrer gerichteten Stoßseufzer Yang Mus verständlich: »Sie hatten mir die Gedichte Du Fus nahegebracht, um mein literarisches Gespür zu wecken. Wenn Sie mich nun so sähen – auf der Großen Mauer und doch unfähig zu dichten; im Angesicht der gewaltigen Ruine, aber ohne einen Vers im Herzen – Sie wären erstaunt und enttäuscht von Ihrem Schüler.«

Yang Mu ist, vor allem in seinen Prosatexten, ein Meister der traditionellen rhetorischen Techniken der literarischen Anspielung, und des Zitierens alter Texte. Diese Intertextualität speist sich bei diesem bi-kulturellen oder transkulturellen Dichter nicht nur aus dem chinesischen, sondern auch aus dem westlichen Kulturraum. Die oft nicht kenntlich gemachten Anspielungen und Zitate machen seine Texte zu einem multikulturellen Puzzle, eine zusätzliche Herausforderung für die Übersetzer.

Die nächste Lebensstation ist Seattle, wo Yang Mu 1981 an der University of Washington eine Professur für Chinesische Literatur und Komparatistik übernimmt und sich nach der Heirat mit Xia Yingying dauerhaft niederlässt. Auch an diesem Ort fühlt er sich dem Kraftzentrum seiner Kreativität, der Heimatstadt Hualian, stets nahe, denn beide Küsten sind durch den Pazifischen Ozean verbunden: »Ob eine am Strand von Hualian aufschlagende Welle wohl zehn Sommer braucht, um zu wenden und hier anzukommen?« (aus: »Flaschenpost«).

Oft sind es Tiere, deren Beobachtung Yang Mu zu grundsätzlichen Überlegungen und Einsichten anregen. Kojoten oder Steppenwölfe, die sich als Überbleibsel der archaischen Natur eine Wohnsiedlung oder einen Golfplatz als Lebensraum zurückerobern; die Begegnung mit einer kleinen Schlange, die ihn so nachhaltig beeindruckt, dass er zunächst ein Gedicht darüber schreibt, zu dem er dann zehn Jahre später noch einmal in einem essayistischen Kommentar Stellung nimmt; oder der Schock der Schönheit, der ihn beim Besuch eines Adlers auf seinem Balkon in der Clearwater Bay in Hongkong ergreift. Selbst unscheinbare Insekten wie die Schildlaus können Yang Mu – oder das neugierige Kind, das er in seiner staunenden Betrachtung stets geblieben ist – zu schöpferischen Gedanken veranlassen; und in den Tiefen der Bibliothek von Berkeley sind die Spinne und das Silberfischchen, die sich ebenfalls dorthin verkrochen haben, seine einzigen Gefährten.

In »Auf und Ab des vergangenen Jahres«, ein Zitat von Qin Guan (1049-1100), erleben wir Yang Mu in seiner heimischen Umgebung. Dieses Stück ist ein gutes Beispiel für die Kunst des Beiläufigen, wie sie in den Pinselnotizen gepflegt wird. Ausgehend von Betrachtungen über das Wetter und häusliche Verrichtungen gelingt es dem Autor auch hier, sich durch geschickt gewählte intertextuelle Bezüge in einen größeren literarischen Zusammenhang zu stellen und die Banalität des Alltags zu überwinden.

»Das Kind, das ich war« ist das jüngste Stück dieser Auswahl. Ursprünglich wurde es als Nachwort zu der 2006 erschienenen Gedichtsammlung »Die Schildlaus« geschrieben und der Dichter legt darin die Quelle seines schöpferischen Schaffens offen. Hier schließt sich der Kreis vom Knaben, der sich dem Wesen der Kunst öffnet, zum Gelehrten »in fortgeschrittenem Dienstalter« (damals war Yang Mu

Direktor des Instituts für Chinesische Literatur und Philosophie der Academia Sinica in Nangang), der sich zusammen mit den Schulkindern über eine winzige Schildlaus beugt. Kindliche Neugierde und menschliche Zuwendung sind es, die Yang Mu in den noch so belanglosen Kleinigkeiten des Alltags dichterische Inspiration finden lassen. Diesen schöpferischen Vorgang hat er in lyrischer Zwiesprache mit einem Alter Ego in dem Gedicht »Aufheben« beschrieben:

> Nehmen wir einmal an, was da vor Tagesanbruch
> an Formen und Stimmen durch unsere Träume huscht
> und gleich wieder vergessen ist, das seist du.
> Schweigend und allein
> sehe ich mich dem schimmernden Gewässer gegenüber
> und versuche zu erinnern.
> Gegenüber, am Fuß der Berge,
> schwebt eine grüne Rauchschwade.
> Eine grüne Rauchschwade schwebt dort
> wie ein fallender Gürtel.
> Du bückst dich und hebst ihn auf.

Yang Mu, dieser moderne Dichter mit dem romantischen Selbstverständnis, hat seinen literarischen Weg konsequent verfolgt. In Taiwan wurde er nicht, wie die Alleebäume in der Heimat seines Lehrers, ideologisch zurechtgestutzt, sondern er konnte unter dem Einfluss klassischer chinesischer ebenso wie westlicher Literatur seinen eigenen Tonfall entwickeln. Er muss nicht als Dissident Klage führen und sich auch nicht dem chinesischen Mainstream unterordnen und ist dennoch eine genuin chinesische Stimme, die mittlerweile in vielen verschiedenen Sprachen gehört wird. Seine Gedichte wurden ins Englische, Französische, Schwedische, Japanische und Deutsche übersetzt. Auch wenn die Komparatistin und Übersetzerin Lisa Lai-Ming Wong zurecht sagt, »seine sprachliche Meisterschaft und seine Belesenheit in chinesischer und westlicher Klassik, von denen seine Gedichte in Form und Inhalt gleichermaßen beeinflusst sind, machen die Übersetzung zu einem halsbrecherischen Unterfangen«, so lohnt es sich, für diese Texte Kopf und Kragen zu riskieren.

Susanne Hornfeck und Wang Jue

Danksagung

Für die finanzielle Unterstützung bei der Veröffentlichung dieses Buches danken wir Tong Tzu-hsien, Chairman of Pegatron Corporation, Taiwan, sowie Liao Mei-li, Fisfisa Media Co., Ltd; Professor Göran Malmqvist als Herausgeber und Wenfen Chen-Malmqvist für Koordination; dem Hongfan Verlag in Taiwan und nicht zuletzt Yang Mu und seiner Frau Wang Ying-ying für tatkräftigen Beistand.

Glossar

4. Mai-Bewegung ausgelöst durch Studentenproteste gegen den Versailler Vertrag vom 4. Mai 1919, erste politische Massenbewegung Chinas, die aus der »Bewegung für eine neue Kultur« hervorging

Ai Qing (1910-1996) Maler und Dichter, war prägend für die Entwicklung einer neuen chinesischen Lyrik

A-mei auch Amis, einer der an Taiwans Ostküste beheimateten Ureinwohnerstämme austronesischen Ursprungs

Apsara (sanskrit) weibliche, halb göttliche, halb menschliche Wesen aus der hinduistischen und Teilen der buddhistischen Mythologie, die als Geister der Wolken und Gewässer gelten

Buch der Lieder (Shijing) Sammlung archaischer Liedtexte aus dem 12. bis 7. vorchristlichen Jahrhundert

Chen Yinke (1890-1969) bekannter Sinologe und Schriftsteller, der in Deutschland studierte und in England lehrte; schrieb einen berühmten Nachruf auf *Wang Guowei* und hatte während der Kulturrevolution unter schweren Repressalien zu leiden

Der Traum der roten Kammer ein 1759 vollendeter, dem Autor Cao Xueqin zugeschriebener Roman; bedeutendstes klassisches Romanwerk Chinas

Die umzingelte Festung 1947 erschienener satirischer Roman aus dem Intellektuellen-Milieu von Qian Zhongshu (1910-1998); deutsche Ausgabe: SchirmerGraf Verlag 2008

Du Fu äußerst produktiver Dichter (712-770) der Tang-Zeit, der das klassische Regelgedicht zur Vollendung brachte

Duanmu Hongliang (1912-1996) Schriftsteller aus dem Nordosten Chinas, der in seinem Roman »Ke'erqin qi caoyuan« (The Khorchin Grasslands) die landschaftlichen Schönheiten der Mandschurei heraufbeschwört

Geistermonat siebter Monat des chinesischen Mondkalenders, in dem die Geister der Verstorbenen aus der Unterwelt zurückkehren und durch Verbrennen von Totengeld und Opfergaben besänftigt werden

Guan Gong auch *Guan Yu* (160-220), historischer, später legendär ausgestalteter General, der zusammen mit seinen Schwurbrüdern gegen Eroberung der Han durch die Wei-Dynastie kämpfte; wird in Tempeln verehrt

Guan Ping (178?-220) ältester Sohn von *Guan Yu*, der auch im Roman »Geschichte der Drei Reiche« vorkommt und in Tempeln verehrt wird; im Gegensatz zu *Zhou Cang* wird er stets mit weißem Gesicht dargestellt

Hakka Die ursprünglich in Mittelchina (Shanxi, Saanxi, Henan, Hebei) ansässigen Hakka wurden von Kriegen und Unruhen in den Süden vertrieben und fühlten sich überall nur als »Gast« (hochchinesisch kejia); der Begriff ist auch die Bezeichnung für ihren Dialekt; viele Angehörige dieser Volksgruppe leben in Taiwan

Himmelstempel-Park Park um den Himmelstempel im Süden Pekings, wo die Kaiser der Ming und Qing Opfer darbrachten und für eine gute Ernte beteten

Kore wa, mizutabako? schlechtes Japanisch für: »Willst du Tabak kaufen?«

Kunming-See künstlicher See im Park des Sommerpalastes

Li Duanshu (1038-1117) Dichter und Schriftsteller, der ebenfalls zum Kreis um *Su Dongpo* zählte

Li chinesisches Längenmaß, entspricht 500 Metern

Matsu (pinyin: Mazu) im Volksglauben Chinas und Südostasiens weit verbreitete und verehrte Göttin des Meeres und der Seefahrt; ihr Name soll Lin Moniang gewesen sein

Nangang Vorort von Taipeh, Taiwan; Sitz der Academia Sinica

Opiumkrieg eigentlich Opiumkriege (1849-52 und 1856-60); sie wurden zwischen dem Kaiserreich der Qing und Großbritannien ausgetragen, am Ende wurde China zur Öffnung seiner Märkte insbesondere zur Duldung des Opiumhandels gezwungen

Qin Shaoyou eigentlich *Qin Guan* (1049-1100), bedeutender Dichter und Schriftsteller; *Su Dongpo* war sein Mentor und Freund

Shen Congwen (1902-1988) Schriftsteller mit besonderer Liebe für das ländliche China. Nachdem er 1949 und 1969 Opfer politischer Verfolgung geworden war, hörte er auf, literarisch zu schreiben, und arbeitete am Museum für Chinesische Geschichte unter anderem als Experte für Textilien

Su Dongpo eigentlich Su Shi (1037-1101), bedeutendster Dichter, Maler, Kalligraph und Staatsmann der Nördlichen Song-Zeit (960-1127)

Taixu weiterer Name für *Qin Guan* (1049-1100); siehe *Qin Shaoyou*

Tang-Keramik figurative Keramik der Tang-Dynastie (618-907) mit der typischen dreifarbigen Glasur

Tatami japanische Bodenmatte aus Binsen, gehörte in dem von Japan besetzten Taiwan zur Standardeinrichtung

Tongguan (wörtl. Tong-Pass) Kreis in der Provinz Shaanxi, der während der Tang-Zeit von zentraler strategischer Bedeutung für die Sicherheit der Hauptstädte Changan und Luoyang war

Tongtuo-Straße gemeint ist die »Bronzekamel Straße« in Luoyang, an der seit der Han-Zeit paarweise Bronzekamele standen

Verbotene Stadt Kaiserpalast in Zentrum von Peking

Veteranen damit sind die 1949 vom Festland auf die Insel gekommenen Soldaten Chiang Kaisheks gemeint

Waley, Arthur britischer Sinologe und Übersetzer (1889-1966)

Wang Guowei (1877-1927) Schriftsteller, Gelehrter und Dichter alter Schule, der auch nach der Revolution von 1911 ein loyaler Anhänger der Mandschu-Dynastie blieb. Er ertränkte sich 1927, kurz bevor die Revolutionsarmee Peking eroberte, im *Kunming-See* des Sommerpalasts, weil er, wie sein Freund *Chen Yinke* meinte, den Untergang der klassischen chinesischen Kultur bevorstehen sah

Wanshou-Berg »Berg des langen Lebens« im Park des Sommerpalasts (Yiheyuan, in Peking), dessen Anlagen 1860 von englischen und französischen Truppen zerstört wurden

Yan und Zhao zwei Königreiche im Norden Chinas (heute Hebei, Henan, Shanxi, Shaanxi), die während der *Zeit der Streitenden Reiche* zu den »Starken Sieben« gehörten; die Menschen dort galten als besonders tapfer, so z. B. der in »Die Spinne, das Silberfischchen und ich« erwähnte Yan, der Qin Shihuang zu ermorden versuchte

Zeit der Streitenden Reiche (475-221 v. Chr.) Oft werden die Frühlings- und Herbst-Periode (770-476 v. Chr.) und die Zeit der Streitenden Reiche (475-221 v. Chr.) zusammengefasst. Nach dem Machtverfall der Östlichen Zhou-Dynastie begann mit der Verlegung der Hauptstadt von Haojing nach Luoyang die Frühling- und Herbst-Periode. In dieser Zeit des Umbruchs gab es über hundert Kleinstaaten, die sich gegenseitig bekämpften. Schließlich wurde das Land von den sieben stärksten Staaten beherrscht; die Zeit endete mit der Reichseinigung durch Kaiser Qin Shihuang 221 v. Chr. Qin war einer der »starken Sieben« gewesen

Zheng Chenggong (1624-1662) Ming-Loyalist, der nach der Eroberung durch die mandschurische Qing-Dynastie nach Taiwan floh; wird in Taiwan auch in Tempeln verehrt

Zhou Cang (?-220) treuer General und Untergebener von *Guan Yu*, kam zusammen mit *Guan Yu* und *Guan Ping* ums Leben, im Tempel steht er immer neben seinem Herrn und wird wegen seiner Tapferkeit und Treue verehrt

Zhu Xi (1130-1200) bedeutender neokonfuzianischer Gelehrter, Lehrer und Berater der Song-Kaiser; seine Kommentare zu den »Vier Büchern« und dem »Shijing« dienten von 1313 bis 1905 als Grundlage für die Beamtenprüfung

Chronologie

1940 Geboren als Wang Jingxian in Hualian, Taiwan; eines von 6 Geschwistern, der Vater betreibt eine Druckerei.

1946-58 Schulzeit in Hualian.

1955 Erste Lyrikveröffentlichungen in Zeitschriften unter verschiedenen Pseudonymen (u.a. Ye Shan); Herausgeber der Lyrikzeitschrift *Die Möwe*.

1958 Studiert zunächst in Taipeh, dann in Taizhong Geschichte und Fremdsprachen.

1960 Veröffentlicht den Gedichtband *Shui zhi mei* [Am Wasser].

1963 Der Gedichtband *Huaji* [Zeit der Blumen] erscheint, Abschluss an der Donghai-Universität, Taizhong; Militärdienst; der Essayband *Briefe an Keats* entsteht.

1964 Teilnahme an einem Writer's Workshop der Universität Iowa; Studium des Altenglischen.

1965 Studiert Komparatistik und lernt Deutsch.

1966 Magister an der Universität Iowa; veröffentlicht den Essayband *Ye Shan sanwenji* [Essays von Ye Shan; enthält *Briefe an Keats*]; übersetzt Frederico García Lorcas *Romancero Gitano* ins Chinesische; Doktorand von Chen Shixiang am Institut für Komparatistik der University of California, Berkeley. Veröffentlicht den Lyrikband *Dengchuan* [Die Bootslaterne].

1967 Studium der altenglischen und europäischen mittelalterlichen Literatur; veröffentlicht eine Arbeit zur Flora im altchinesischen *Buch der Lieder*; lernt Griechisch.

1968 Anti-Vietnam-Demonstrationen und studentische Protestaktionen auf dem Campus in Berkeley. Yang Mu lernt Japanisch.

1969 Der Gedichtband *Fei du ji* [Nicht Überqueren. Gesammelte Gedichte 1956-1966] erscheint.

1970 Lehrtätigkeit in chinesischer Literatur und Komparatistik an der University of Massachusetts, Amherst.

1971 Promotion in Komparatistik an der University of California, Berkeley. Veröffentlicht den Lyrikband *Chuanshuo* [Legenden]. Zieht nach Seattle und wird dort Assistenzprofessor für Vergleichende Literaturwissenschaft an der University of Washington. Wird in Taipeh mit dem Shi Zong Award ausgezeichnet.

1972 Benutzt von nun an das Pseudonym Yang Mu.

1973 Beförderung zum Associate Professor; ausgedehnte Europareise.

1974 Veröffentlicht mehrere Arbeiten zur Literaturgeschichte in Chinesisch und Englisch.

1975-76 Gastprofessor am Department of Foreign Languages and Literatures, National Taiwan University, Taipeh. Veröffentlicht den Gedichtband *Ping zhong gao* [Flaschenpost].

1977 Der Essayband *Baikelai jingshen* [Der Geist von Berkeley] erscheint, darin: »Aufzeichnungen über ein Tal«. Übersetzt ein Kapitel aus Ernst Robert Curtius: *Europäische Literatur und Lateinisches Mittelalter* ins Chinesische.

1978 Der erste Band der Gesammelten Gedichte *Yang Mu shiji I: 1956-1974* erscheint. 1978-79 Gastprofessor am Department of East Asian Studies, Princeton University. Veröffentlicht den Lyrikband *Beidou xing* [Ballade vom Großen Wagen].

1979 Heirat mit Xia Yingying. Erhält den Zhongshan Literaturpreis für neue Poesie.

1980 Geburt des Sohns Wang Changming. Veröffentlicht die Gedichtbände *Jinji de youxi* [Verbotene Spiele] und *Haian qi die* [Die sieben Falten der Küste]. Erhält den China Times Special Literary Award für das Versdrama *Wu Feng*.

1981 Einzige Reise aufs chinesische Festland und in die Heimat seines Lehrers Chen Shixiang, festgehalten in dem Essay »Norden«. Erhält eine Professur für Chinesisch und Vergleichende Literaturwissenschaft an der University of Washington, Seattle.

1982 Die Essaysammlung *Sousuozhe* [Der Suchende] erscheint, darin »Norden«.

1983-84 Gastprofessor am Department of Foreign Languages und Literatures, National Taiwan University, Taipeh.

1986 Gedichtsammlung *You ren* [Jemand].

1987 Essaysammlung *Shan feng hai yu* [Sturm über Meer und Gebirge], darin »Der Ursprung der Poesie«; der Band wird mit dem China Times Literary Award für Prosa ausgezeichnet. Veröffentlichung des Essaybandes *Fei guo huoshan* [Flug über den Vulkan].

1988 Veröffentlicht unter dem Namen C. H. Wang *From Ritual to Allegory: Seven Essays in Early Chinese Poetry*.

1989 Veröffentlicht *Yishoushi de wancheng* [Die Vollendung eines Gedichts], ausgezeichnet als eines der besten Bücher der China Times.

1990 Erhält den Wu Sanlian-Preis für Literatur.

1991 Veröffentlicht *Fangxiang gui ling* [Richtung auf Null] und den Gedichtband *Wancheng de yuyan* [Vollständige Fabel]. Zieht mit der Familie nach Hongkong, Clearwater Bay, wo er bis 1994 als Gastprofessor für Literatur an der Hongkong University of Science and Technology unterrichtet.

1992 Veröffentlicht *Shi guanshe yu fayi de wenti* [Poetische Referenzialität und das Problem des Übersetzens].

1993 Eine erste Auswahl seiner Gedichte erscheint in englischer Übersetzung: Joseph R. Allen, *Forbidden Games and Video Poems: The Poetry of Yang Mu and Lo Ch'ing*.

1995 Der zweite Band der gesammelten Gedichte *Yang Mu shiji II: 1974-85* erscheint. Gründung der National Donghua-Universität in seiner Heimatstadt Hualian, wo Yang Mu 1996 Dekan der Geisteswissenschaftlichen Fakultät wird.

1996 Die Essaysammlung *Tingwu zhi ying* [Adler am Mittag] erscheint, darin die Stücke »Weiße Novemberblüten«, »Die nordamerikanischen Steppenwölfe«, »Die Bucht«, »Adler am Mittag« und »Das Auf und Ab des vergangenen Jahres«.

1997 Der Gedichtband *Shiguangmingti* [Lehrsatz der Zeit] und eine Übersetzung ausgewählter Werke von W. B. Yeats erscheinen. *Xi wo wang yi* [Als ich aufbrach].

1998 Eine weitere Gedichtauswahl in englischer Übersetzung erscheint: *No Trace of the Gardener: Poems of Yang Mu.* Übers. von Michelle Yeh und Lawrence R. Smith.

1999 Zweisprachige Ausgabe von *Der Sturm* von William Shakespeare erscheint in Yang Mus Übersetzung.

2000 Gastprofessur in Prag am Zentrum für Orientalische Studien der Karlsuniversität. Mit dem Preis der 4. Nationalen Kultur- und Kunststiftung ausgezeichnet. »Die Schlangen – drei Etüden« werden in Taipeh als Ballett aufgeführt.

2001 Die Lyriksammlung *She shi* [Inventionen] erscheint.

2002 (bis 2004) Direktor des Institut für Chinesische Literatur und Philosophie der Academia Sinica, Nangang, Taipeh. *Patt beim Go. Gedichte chinesisch-deutsch*, in der Übersetzung von Susanne Hornfeck und Wang Jue erscheint.

2003 Der Essayband *Qilai qianshu* [Das erste Buch vom Berg Qilai; Memoiren Teil 1] erscheint.

2004 In Frankreich erscheint eine Gedichtauswahl in der Übersetzung von Angel Pino und Isabelle Rabut. *Quelqu'un m'interroge à propos de la vérité et de la justice.*

2005 Die Essaysammlung *Renwenzongji* [Literarische Spuren] erscheint, darin das Stück »Was ich im Sinn hatte«.

2006 In Japan erscheint die Gedichtauswahl *Kakkouazami nou ta: Youboku sishu*, übersetzt von Ueda Tetsuji. Die Lyriksammlung *Jiekechong* [Die Schildlaus] erscheint, mit dem Nachwort »Das Kind, das ich war«.

2007 Die Sammlung *Yi shi* [Gesammelte Essays zum Übersetzen] erscheint. Yang Mu wird mit dem International Prize for Literature in the Chinese Language, Malaysia, ausgezeichnet.

Die japanische Ausgabe des *Qilai qianshu* (Übers. Ueda Tetsuji) erscheint. Emeritierung von der University of Washington.

2009 Die Essaysammlung *Qilai houshu* [Das zweite Buch vom Berg Qilai; Memoiren Teil 2] erscheint; darin die Stücke »Blauer Rauch über Smaragdgrün« und »Die Spinne, das Silberfischchen und ich«.

2010 Dritter Band der Gesammelten Gedichte erscheint *Yang Mu shiji III: 1986-2006*. Internationale Konferenz zu Yang Mu, vom 24. bis 26. September in Taipeh.

2011 Eine Auswahl der Gedichte erscheint auf Schwedisch: *Den Gröne Riddaren – Dikter av Yang Mu*. Übersetzt von Göran Malmqvist.

2012 Yang Mu erhält den Newman Prize for Chinese Literature 2013 of the U.S.-China Issues, University of Oklahoma.

Die Chronologie stützt sich auf die Vorarbeit von Lisa Lai-Ming Wong in ihrem Band: *Rays of the Searching Sun. The Transcultural Poetics of Yang Mu*. Brüssel 2009.

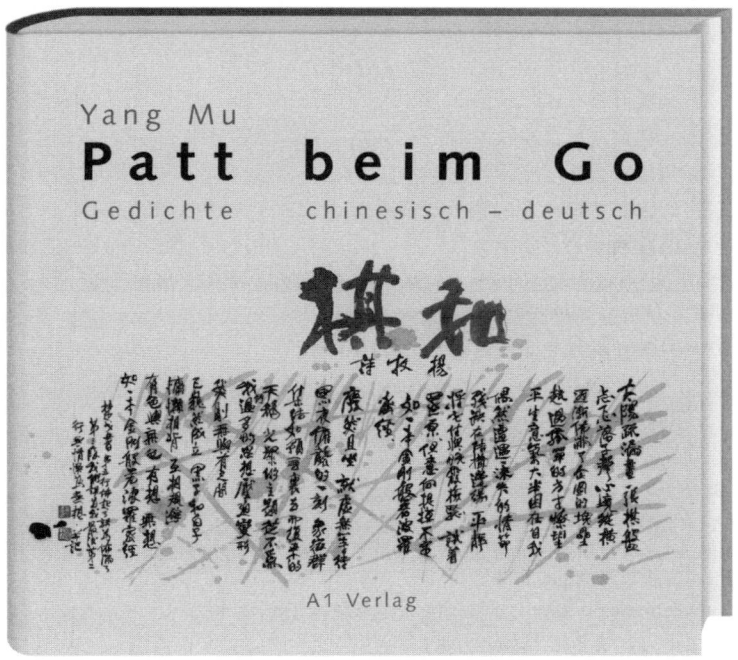

Yang Mu
Patt beim Go
Gedichte   chinesisch – deutsch

A1 Verlag

Zweisprachige Ausgabe chinesisch – deutsch
Aus dem Chinesischen von Susanne Hornfeck und Wang Jue
216 Seiten, gebunden, ISBN 978-3-927743-64-9

Es ist wohl ein zu karges Lob, wenn die Kritik einen Dichter, der, wie jedes Zeichen, jeder Atemhauch, jeder Pinselstrich bezeugt, aus China stammt, der aber auch in den Vereinigten Staaten lebt und sich der westlichen Kunst nie verschlossen hat, als »bikulturell« bezeichnet. Die Rede ist von einem der wohl größten lebenden Poeten Chinas, dem 1940 in Hualian auf Taiwan geborenen Wang Jingxian, der den Dichternamen Yang Mu trägt ... Yang Mu ist wie nur ganz wenige Chinesen prädestiniert, sich diese verschiedenen Kulturen so anzueignen, dass sie in seinem Werk aufgehoben werden wie die Farbpigmente, die ein großes Gemälde ausmachen.

Tilmann Spengler, Listen

1. Auflage 2013

© für die deutschsprachige Ausgabe by A1 Verlag GmbH, München

Alle Rechte vorbehalten

www.a1-verlag.de

Textnachweis:

Weiße Novemberblüten; Die nordamerikanischen Steppenwölfe; Die Bucht;
Adler am Mittag; Das Auf und Ab des vergangenen Jahres;
in: 亭午之鷹, Taipeh 1996

Der Ursprung der Poesie; in: 山風海雨, Taipeh 1987

Blauer Rauch über Smaragdgrün; Die Spinne, das Silberfischchen und ich;
in: 奇萊後書, Taipeh 2009

Aufzeichnungen über ein Tal; in: 柏克萊精神, Taipeh 1977

Norden; in: 搜索者, Taipeh 1982

Was ich im Sinn hatte; in: 人文踪跡, Taipeh 2005

Das Kind, das ich war (Nachwort); in: 介殼蟲, Taipeh 2006

Alle Bände sind im Verlag Hongfan, Taipeh, erschienen.

© Yang Mu

Satz: Kretschmann2, Bad Aibling

Litho: Kochan & Partner GmbH, München

Typographie, Umschlagentwurf und Gestaltung: Konturwerk, Herbert Woyke

Titelmotiv: Silberfeder (Miscanthus sinensis)

handschriftliche Titel der Pinselnotizen: Yang Mu

Druck: Friedrich Pustet KG, Regensburg

Papier Innenteil: 90 g/m² Werkdruck Alster gelblich-weiß, 1,5-fach

Papier Schutzumschlag: 120 g/m² Stucco Tintoretto Gesso von Fedrigoni

Überzug: 125 g/m² Imitlin E/R05 Tela Rosso von Fedrigoni

Papier Vor- und Nachsatz: 135 g/m² Surbalin linea indigo von Peyer

Gesetzt aus der 9,7/14,2 Punkt Hiragino Mincho Pro regular

Printed in Germany

ISBN 978-3-940666-33-8